작명(作名),
또 다른 인연(因緣)

작명(作名), 또 다른 인연(因緣)

초판 1쇄 발행 2022년 7월 28일

지은이 정대희
펴낸이 장길수
펴낸곳 지식과감성#
출판등록 제2012-000081호

교정 이혜지
디자인 이은지
편집 이은지
검수 구다희, 황민경, 양수진, 이현
마케팅 고은빛, 정연우

주소 서울시 금천구 벚꽃로298 대륭포스트타워6차 1212호
전화 070-4651-3730~4
팩스 070-4325-7006
이메일 ksbookup@naver.com
홈페이지 www.knsbookup.com

ISBN 979-11-392-0601-2(03180)
값 15,000원

- 이 책의 판권은 지은이에게 있습니다.
- 이 책 내용의 전부 또는 일부를 재사용하려면 반드시 지은이의 서면 동의를 받아야 합니다.
- 잘못된 책은 구입하신 곳에서 바꾸어 드립니다.

지식과감성#
홈페이지 바로가기

작명(作名), 또 다른 인연(因緣)

정대희 지음

과연 나의 이름은 얼마나 좋은 이름일까?
나의 이름이 나에게 가장 최적화된 이름인가?
이름이 어떠한 영향력을 행사하고 있는지에 대해
잘 알지 못한 채 살아가고 있다.

지식과감정

목차

Part 1 선천에너지 작명의 원리 · 9

1장 작명은 왜 필요한가? ·········· 10
몸 에너지의 표출, 소리의 파동 ·········· 11
한글의 음양오행적 분류 ·········· 14
글자의 에너지 흐름 ·········· 16

2장 선천에너지 작명의 중요성 ·········· 20
부족한 에너지를 보완하는 이름 ·········· 21
작명의 수리학적 개념 ·········· 23
보완할 에너지로 호칭 부르기 ·········· 24

3장 이름이 미치는 영향력 ·········· 27
소리의 에너지 파장 ·········· 29
이름의 에너지 흐름과 순환 ·········· 30
한글의 음양오행에 관한 질의 응답 ·········· 33

Part 2 작명의 음양오행적 순환 · 37

1장 파동(波動)에너지의 음양오행(陰陽五行)적 상징 ·········· 38
목기(木氣)의 파동에너지 상징: 도전과 경쟁 ·········· 39
화기(火氣)의 파동에너지 상징: 발전과 개발 ·········· 40
토기(土氣)의 파동에너지 상징: 교류와 포용 ·········· 42
금기(金氣)의 파동에너지 상징: 원칙과 규칙 ·········· 43
수기(水氣)의 파동에너지 상징: 배움과 성숙 ·········· 44
좋은 이름을 찾아낼 때 고려해야 할 요소들 ·········· 45

2장 파동(波動)에너지의 흐름과 순환 · 48

사주 에너지의 흐름에 대한 질의와 응답 · 50
이름을 어떻게 전달할까? · 53

3장 파동에너지의 운용과 관리 · 55

강한 장부에너지의 관리 · 56
강성한 에너지의 관리에 대한 질의응답 · 59
파동에너지를 상징하는 글자 · 61
파동에너지의 운세적 흐름 · 62
파동에너지의 계절의 영향 · 64
에너지의 쏠림 현상에 대한 이야기 · 65

Part 3 이름과 운세 변화 · 71

1장 이름과 운세 변화 · 72

이름의 운세 변화 사례: 무술일주(戊戌日柱) · 72
이름의 운세 변화 사례: 정묘일주(丁卯日柱) · 74
이름의 운세 변화 사례: 갑진일주(甲辰日柱) · 76
이름의 운세 변화 사례: 신사일주(辛巳日柱) · 78
이름의 운세 변화 사례: 을유일주(乙酉日柱) · 79
이름의 운세 변화 사례: 임자일주(壬子日柱) · 81
이름의 운세 변화 사례: 계축일주(癸丑日柱) · 84
이름의 운세 변화 사례: 갑술일주(甲戌日柱) · 86

2장 작명 시 고려할 요소들 · 88

한자를 찾을 때 고려할 요소 · 88
파장에너지의 형색(形色)과 생극제화 · 89

이름에 대한 느낌 ·· 94
작명 시 고려할 요소에 대한 질의응답 ·· 100

Part 4 작명의 실제 · 103

1장 브랜드 작명의 실제 — 104

브랜드 작명의 실제: 임자일주(壬子日柱) ··· 104
브랜드 작명의 실제: 신사일주(辛巳日柱) ··· 106
브랜드 작명의 실제: 을유일주(乙酉日柱) ··· 108

2장 호(號) 작명의 실제 — 110

호 작명의 실제: 을유일주 ·· 110
호 작명의 실제: 계축일주 ·· 112
호 작명의 실제: 신사일주 ·· 113
호 작명의 실제: 무술일주 ·· 115
호 작명의 실제: 임자일주 ·· 117
호 작명의 실제: 갑진일주 ·· 118
호 작명의 실제: 정묘일주 ·· 120
작명 시 고려할 사항들 ·· 122
작명에 관한 질의응답 ··· 125

3장 작명서 작성의 실제 — 129

작명서 작명의 실제: 사례 (가) ·· 134
작명서 작명의 실제: 사례 (나) ·· 138
작명서 작명의 실제: 사례 (다) ·· 142
작명서 작명의 실제: 사례 (라) ·· 145
작명서 작명의 실제: 사례 (마) ·· 148
작명에 관한 질의응답 ··· 150

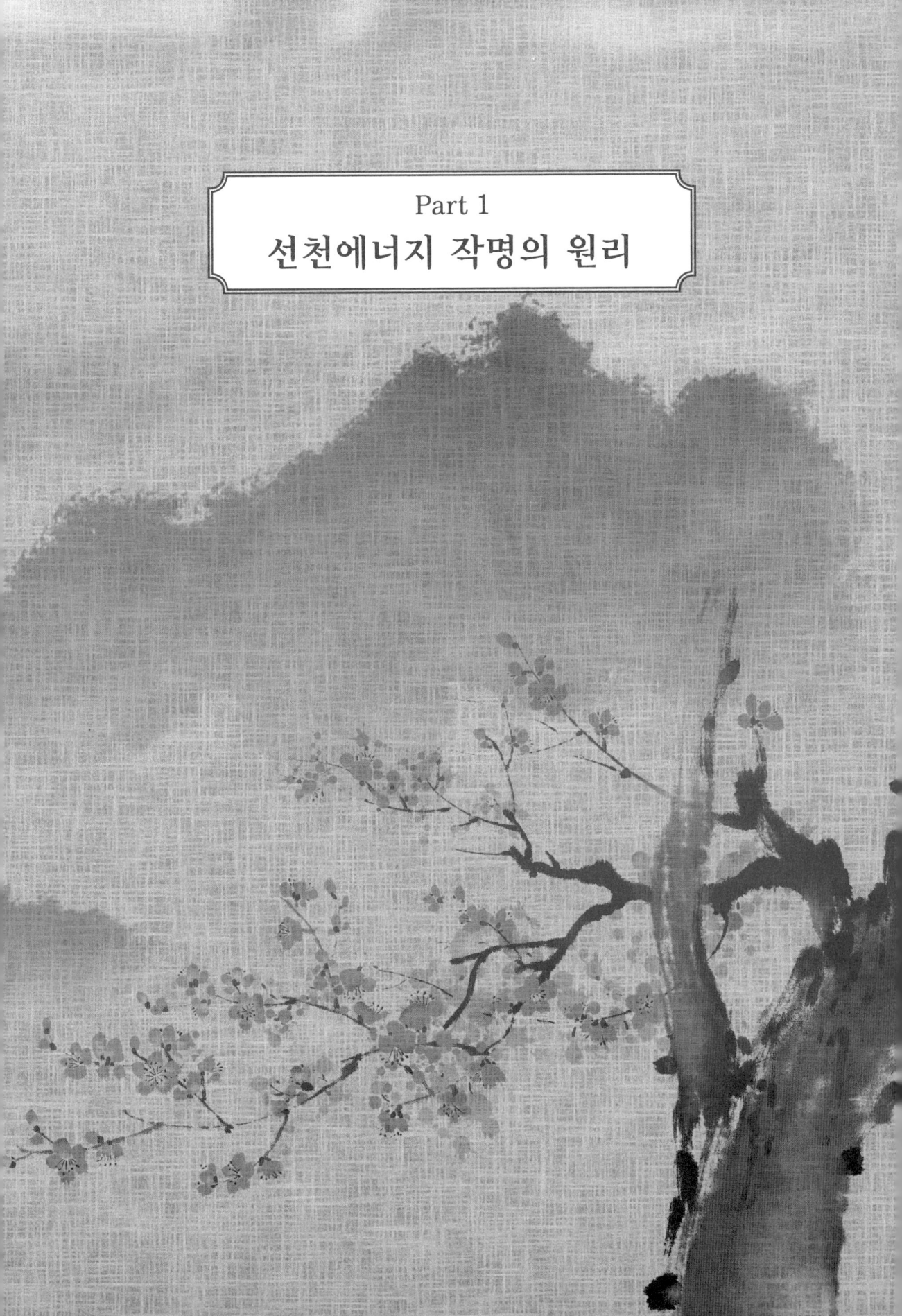

Part 1
선천에너지 작명의 원리

1장
작명은 왜 필요한가?

　글자에도 에너지가 있듯이 모든 사물이나 생명체, 모든 환경에는 해당하는 에너지가 있다. 물론 사람도 각기 자신만의 고유한 에너지를 부여받아 태어난다. 태어나면서부터 부여 받은 에너지를 선천에너지라고 한다. 그런데 그 에너지가 항상 균형 있게, 균일하게, 동일하게 부여된 것은 아니다. 어느 부분은 부족하고, 어느 부분은 넘치고 또는 시간과 상황에 따라 에너지의 균형이 깨지거나, 봄·여름·가을·겨울 사시사철을 통해 에너지가 변화되기도 한다. 사람의 에너지는 주변 사물이나 환경의 에너지와 반응하여 에너지의 상태가 변화하고 에너지간 교류가 일어난다. 그래서 어떤 사람이 어떠한 공간에 들어갔을 때 갑자기 분위기가 바뀌는 것을 경험하기도 한다. 예를 들어서 몇몇 사람들이 모여 있을 때 새로운 사람이 들어오게 되면 분위기가 바뀌는 것을 느낄 수 있다. 분위기가 우울했는데 갑자기 밝아진다든지 또는 분위기가 밝았는데 우울해지기도 한다. 이처럼 우리는 생활 속에서 이러한 에너지를 실제로 느끼고 살아가고 있다.
　추사 김정희 선생은 평생 매년 자기의 호를 바꾼 분으로 유명하다. 해마다 자신의 에너지가 바뀌고 또 반응하는 에너지가 바뀌기 때문에 바뀌는 에너지에 맞추어 호를 사용하여 에너지를 보완한 것이다. 그래서 사용한 호가 60개가 넘는 것으로 전해진다. 그렇게 에너지의 변화에 잘 대처했기 때문에 장수하는 삶을 살지 않았을까 하는 생각도 든다.
　이처럼 어떤 이름을 사용하는가에 따라 개인의 삶에 미치는 영향이 지대하다. 그만큼 자신에게 맞는 이름을 사용하는 것이 중요하다. 그래서 예부터 이름을 지어 주는 일은 귀족이나 왕족 또는 양반들의 특권이었다. 아무나 이름을 지을 수도 없고 아무나 하사할 수도 없는 것이었다. 특별한 경우에는 임금이 신하에게 이름을 하사하기도 했다. 이름을 하사받는다는 것은 그 사람에게는 굉장한 영광이라고 할 수 있다.

이름이라고 하는 것에는 주민 등록상에 등재된 이름만 있는 게 아니라 호나 어렸을 때 불러 주는 아호라고 하는 것도 있다. 이처럼 호나 아호, 예명 등의 여러 이름을 사용하는 것은 이름에 따라 다른 에너지가 나오기 때문이다. 대표적인 예로 보면 어떤 사람이 어떠한 이름을 갖느냐에 따라서 삶이 바뀐 사례들을 많이 볼 수 있다. 심지어는 성경책에도 하나님이 어떠한 인물에게 이름을 바꿔 주고, 그래서 다른 삶을 살게 되는 이야기가 나온다. 그리고 예로부터 어떠한 관직을 주거나 아니면 어떠한 공로를 세워 이름을 새롭게 받게 되면 그 이름에 걸맞은 삶을 살게 되는 것을 볼 수 있다.

그렇다면 과연 나의 이름은 얼마나 좋은 이름일까? 나의 이름이 나에게 가장 최적화된 이름인가에 대해서 생각해 봐야 한다. 대부분의 사람들은 이름이 미치는 영향에 대해 모른 채 살아가고 있는 게 현실이다. 자신의 이름이 자신에게 좋은 에너지를 주는지 또는 좋지 않은 에너지를 주는지, 이름이 어떠한 영향력을 행사하고 있는지에 대해 잘 알지 못한 채 살아가고 있다.

몸 에너지의 표출, 소리의 파동

이름이라는 것은 단순히 지을 수 있는 게 아니다. 이름이 미치는 영향에 대해 과학적으로 입증한 사례는 많다. 예전에 KBS 다큐 방송 프로그램 중에 〈다큐멘터리 마음〉이 방영된 적이 있었다. 그중에 파동 치료에 대한 내용이 나온다. 파동을 음파라고도 한다. 빛이나 음파를 통해서 치료하는 내용을 하버드대나 각종 의대에서 증명한 연구 사례를 예를 들어 이야기도 하고, 명상이나 참선을 할 때

음악을 듣거나 심신 안정을 위해서 음악을 들을 때의 효과들을 입증한 연구 사례가 굉장히 많다.

그렇다면 우리가 하는 말이 어떻게 에너지로 표현되는 것인지 생각해 볼 수 있다. 예를 들어, 배고프고 힘이 없는 상태에서 하는 말과 배부르고 컨디션이 좋은 상태에서 하는 말이 다르다. 배가 부르고 컨디션이 좋을 때 큰 소리로 외치는 말과 몸이 아프고, 배고프고, 컨디션이 안 좋을 때의 말은 확연히 차이가 난다. 그래서 목소리가 이상하게 나오면 "너 어디 아프냐?"라고 말할 정도로 목소리 상태는 그 사람의 몸의 상태나 컨디션을 알려 주는 요소가 된다.

또, 자고 일어나면 목소리가 잠겨서 말이 잘 나오지 않거나, 울고 난 뒤에는 목소리가 잘 나오지 않고, 어린아이들이 혼나서 기분이 나빠지면 목소리가 기어들어 가는 것도 볼 수 있다. 이런 것들을 통해 말과 에너지와의 관련성을 찾아볼 수 있다. 즉 에너지의 상태에 따라 말하는 것이 다르게 나타난다는 것이다.

우리 조상들은 오래전부터 이미 소리 에너지에 대해 파악했다는 것을 알 수 있다. 즉 파동이라는 개념이 소리에 의해서 나온다는 걸 인식을 했고, 그 소리에 의해서 에너지가 달라진다는 것을 알았다는 것이다. 그래서 모든 글자나 모든 사물에 대해 에너지를 부여한 글자체를 사용하기 시작한 것이다. 그게 바로 우리가 쓰고 있는 한글이다. 그래서 한글을 소리글자라고 한다. 입에서 나오는 것, 입에서 쏟아지는 게 바로 소리이다.

이 '소리'가 나오려면 에너지가 있어야 한다. 몸이 아프고, 기력이 모자라고, 에너지가 부족하게 되면 나오는 소리도 죽은 듯한 소리가 나오게 된다. 반면에 건강한 사람은 크고 우렁차고 씩씩한 소리가 나온다. 그래서 옛날에는 의원(한의사)이라 불리우며 질병을 치료했던 사람들이 목소리의 상태를 보고 환자의 몸을 진단했다고도 한다.

그만큼 목소리를 들어 보면 그 사람이 어떤 에너지인지 알 수 있다. 예를 들어, 연예인 중에 개그맨 박경림의 목소리를 들어보면 굉장히 건조하면서도 메마른 듯한 목소리라는 느낌이 든다. 그렇다면 그 사람의 에너지는 어떤 에너지일까? 건조한 에너지가 많은 거다. 그렇다면 약간 느끼하면서 둔탁하고 굵은 목소리는 어떨까? 그런 목소리는 수기(水氣)의 에너지가 많은 사람이다. 특히 성악을 하는 사람들을 보면 굉장히 굵고 낮은 목소리로 말하는 사람들이 있다. 그런 경우 수기의 에너지가 많다고 볼 수 있다.

도울 김용옥 선생님의 목소리는 어떨까? 강하게 위로 솟는 소리를 내는 분이다. 이런 에너지는 목기(木氣)가 강하다고 볼 수 있다. 소프라노처럼 목소리가 얇으면서 높은 소리를 내는 사람들은 대부분 솟아오르는 힘, 즉 목기의 에너지를 많이 가지고 있다고 보면 된다. 반면에 날카롭게 찢어지는 소리, 칼날처럼 딱딱 끊어지는 소리를 내는 사람들은 금기(金氣)의 에너지가 많은 사람들이다.

목기를 목소리를 가진 사람과 금기의 목소리를 가진 사람이 서로 만나면 서로의 에너지가 충돌하게 된다. 그렇게 에너지가 충돌하게 되면 상대방의 목소리가 자신의 귀에 좋지 않게 들리게 된다. 금(金)의 기운이 강한 사람들은 목기(木氣)가 강한 사람의 목소리가 거슬리게 들린다. 이와는 반대로 목기(木氣)가 강한 사람은 금기(金氣)의 목소리가 강한 사람의 목소리가 귀에 거슬린다. 또는 화기(火氣)가 많은 사람은 수기(水氣)가 많은 사람의 목소리가 거슬리고, 수기(水氣)가 많은 사람은 화기(火氣)가 많은 사람의 목소리가 거슬리게 되는 거다. 이렇게 에너지의 상대적인 충돌이 일어날 수 있다.

에너지적으로 상대적인 에너지를 가지고 있는 경우 또는 충돌의 요인을 가지고 있는 경우에는 문제가 일어나면서 시끄러울 수 있다. 예를 들어, 금기에 속하는 소리 중에 칠판에 긁히는 소리가 있다. 그 소리를 들으면 신경이 온통 곤두서는 것을 느낄 수 있다. 이처럼 특정한 소리는 몸의 신체에 반응을 일으킨다. 몸을 움츠러들게 하기도 하고, 기분이 좋아지기도 하고, 나빠지기도 하고, 놀라기도 하고, 슬퍼지기도 하고, 우울해지기도 하고, 답답해지기도 한다. 그런 현상이 일어나는 것은 내 몸으로 들어온 에너지가 나의 에너지와 반응을 했기 때문이다.

외부의 에너지가 안으로 들어오는 것은 소리뿐만이 아니다. 특정한 음식을 섭취하는 것도 특정한 에너지를 섭취하는 것으로 보면 된다. 먹는다는 것은 반드시 음식만 해당하는 것이 아니다. 빛을 보는 것을 비롯 시각적인 것도 눈으로 먹는 것이고, 호흡하는 것, 냄새를 맡는 것도 코로 먹는 것이다. 모든 에너지는 감각을 통해 몸 안으로 들어온다. 그래서 소리글자의 의미는 에너지 글자라는 의미도 있다. 그러면 상형 문자라고 하는 한문은 어떤 에너지를 담고 있을까? 상형 문자는 그림을 말한다. 그림은 눈으로 인식하는 것이다. 그래서 한자로 나타내는 것들은 눈으로 에너지가 들어오는 것으로 보면 된다.

한글의 음양오행적 분류

한글처럼 소리로 들어오는 에너지와, 한자처럼 눈으로 들어오는 에너지는 다르다. 시각적으로 보이는 모양이 어떤 모양이냐에 따라서 에너지가 다르게 나타난다. 예를 들면 네모라는 모양이 있고, 세모라는 모양이 있고, 역삼각형이라는 모양이 있고, 동그라미라는 모양이 있다고 할 때, 그 모양을 볼 때의 느낌은 각기 다르다. 네모를 보면 딱딱한 느낌이 들고, 삼각형은 올라가는 느낌이라면 역삼각형은 반대로 내려가는 느낌이 든다. 그다음에 동그라미는 동글동글 머물러 있는 느낌이 든다. 또 세로로 긴 사각형과 가로로 긴 사각형의 느낌도 다르다. 가로로 긴 모양의 사각형은 안정적으로 보이고, 세로로 긴 모양의 사각형은 가로로 긴 모양의 사각형보다 안정적으로 보이지 않는다.

한글은 소리글자이기 때문에 파동에너지인 소리에너지와 음양오행의 사상이 포함되어 있다. 이름을 짓는 데 있어서 음양오행적 관점이 필수적이지만 아쉽게도 시중의 서적이나 유튜브(YouTube) 영상 강의 등에서 이러한 관점을 충분히 설명하거나 이야기해 주는 사람이 없다. 이는 소리글자에 대한 인식이 부족한 것으로 이해된다. 소리글자를 이해하기 위해서는 먼저 음양적인 관점과 오행적인 관점을 분리해서 보는 것이 필요하다.

예를 들어, 'ㅣ'와 'ㅡ'는 음과 양의 관점에서 보면 어떨까? 어떤 게 음이고 어떤 게 양일까? 'ㅡ'이 음이고, 'ㅣ'이 양이다. 옆으로 퍼지는 것과 위에서 아래로 내려오는 건 다르다. 에너지의 강도가 다르다. 그렇다면 'ㅏ'와 'ㅓ'는 어떤 게 양이고, 어떤 게 음일까? 'ㅏ'는 양이고 'ㅓ'는 음이다.

그렇다면 에너지가 안으로 들어와야 할 사람이 있고, 에너지가 밖으로 나가야 할 사람이 있을 것이다. 'ㅏ'라는 소리를 내어 보면 에너지가 나가는 느낌이고, 'ㅓ'라는 소리를 내면 에너지가 안으로 들어오는 느낌이 난다. 안으로 들어오는 느낌과 나가는 느낌을 몸으로 느낄 수 있다. 좀 더 나아가서 'ㅑ'와 'ㅕ'를 보자. 'ㅑ'는 더 나가는 느낌이 나고, 'ㅕ'는 더 들어가는 느낌이 든다.

다음으로 'ㅗ'와 'ㅜ'를 한번 보자. 어떤 게 음이고, 어떤 게 양일까? 뭔가 실수를 하거나 잘못을 해서 야유를 보낼 때 어떤 소리를 내는지 생각해 보라. '우~'라는 소리를 보낸다. 기분이 나쁠 때 기운을 떨어뜨리는 소리이다. 그런데 누군가 대단한 행동을 했을 때는 어떤 소리를 보낼까? '오~'라는 소리를 보낸다. 기운을 끌어올리는 소리다. 그래서 'ㅗ'는 양이고 'ㅜ'는 음이다. 'ㅛ'와 'ㅠ'는 어떤가? 'ㅛ'는 'ㅗ'보다 더 올라가고, 'ㅠ'는 'ㅜ'보다 더 내려간다. 그래서 'ㅛ'는 양 중의 양이고 'ㅠ'는 음 중의 음이다.

음	양
ㅡ, ㅓ, ㅕ, ㅜ, ㅠ	ㅣ, ㅏ, ㅑ, ㅗ, ㅛ

그러면 글자적 모양을 살펴보자. 'ㅏ'와 'ㅑ'는 양이고, 'ㅓ'와 'ㅕ'는 음이다. 'ㅜ'와 'ㅠ'는 음이고, 'ㅗ'와 'ㅛ'는 양이다. 그럼 글자적 모양을 보면 ㅏㅑ, ㅓㅕ, ㅗㅛ, ㅜㅠ 이러한 모양이 된다. 모양의 방향에서 음양을 구분할 수 있다. 모양이 오른쪽으로 회전하는 것은 양한 것이고, 왼쪽으로 회전하는 것은 음한 것이다. 좌회전은 음이고, 우회전은 양으로 보면 된다.

음	양
◁ ◀ ▽ ▽	▷ ▶ △ △

글자를 오행의 에너지로 구분할 수 있다. 목기는 'ㄱ,ㅋ', 화기는 'ㄴ,ㄷ,ㅌ,ㄹ', 토기는 'ㅇ,ㅎ', 금기는 'ㅅ,ㅈ,ㅊ', 수기는 'ㅁ,ㅂ'이다.

목기(木氣)	화기(火氣)	토기(土氣)	금기(金氣)	수기(水氣)
ㄱ, ㅋ	ㄴ, ㄷ, ㅌ, ㄹ	ㅇ, ㅎ	ㅅ, ㅈ, ㅊ	ㅁ, ㅂ, ㅍ

글자의 에너지 흐름

'황'이라는 글자를 보면 이 글자는 양의 에너지 글자일까? 혹은 음의 에너지 글자일까? 황은 '토의 양'의 글자이다. 즉, 토의 기운이 바깥으로 나가는 글자이다. 그렇다면 황이라는 글자는 양토(陽土)에 해당한다. 양토의 에너지는 심리적으로 관계 형성을 지향한다. 그래서 황씨들은 관계 형성형 에너지를 기본적으로 깔고 들어가는 것이다. 다음으로 '홍'이라는 글자도 있다. 이것도 마찬가지로 양의 글자이다. 솟아오르는 글자, 양토의 글자에 해당한다. 그러면 예를 들어, 자신의 사주 구조나 에너지 구조에 양토가 없거나 부족하다면 이 글자는 좋은 걸까? 나쁜 걸까? 당연히 좋은 글자이다.

    그래서 자신이 가지고 있는 이름이 자신에게 적합한가를 확인해 봐야 한다. 예를 들어 '정'자는 어떤 에너지를 상징할까? 음금(陰金)을 상징한다. 만약에 음금의 에너지가 넘치는 상태에서 정씨의 성(性)이라면 더 날카로워지고 예리하고 예민해진다. 그러나 금기가 부족하거나 없어서 정리하는 힘이 떨어지는 사람이라면 정씨의 성이 좋을 것이다. 그런데 타고난 성씨는 바꿀 수 없으니 성씨는 차치하고, 글자의 에너지에 대해 알아보자.

    예를 들어 '정'이라는 글자에는 'ㅇ'이 붙어 있다. 'ㅇ'은 오행 중에 토기에 해당한다. 그러면 이 글자는 토생금에 해당하는 에너지이다. 그러니까 관계를 정리하는 힘이 매우 강하다. 그래서 까칠한 느낌이 들 수 있다. 조금만 자기 마음에 안 들면 관계를 정리해 버릴 수 있다.

    '전'은 어떨까? 화극금의 에너지 구조로 감정적 결정을 할 수 있는 에너지 구조이다. 마음에 안 들면 '안 해. 그만둬!'와 같은 감정적 결정을 할 수 있는 에너지가 기본적으로 들어 있는 글자이다. 그래서 어떤 에너지가 들어 있느냐에 따라서 상당한 차이를 일으킬 수 있다. 금기의 에너지라 하더라도 같은 금기가 아니다. 예를 들어서 표현을 한다면 'ㄴ'이라는 화기와, 위에 있는 'ㅈ', 'ㅓ'의 음적인 금기가 같이 섞여 있는 게 '전'이라는 글자이다. 직접 발음을 해 보면 차이를 알 수 있다. '정'이라고 말해 보면 소리가 멀리까지 가지만 '전'이라고 말해 보면 딱 떨어진다. 그래서 화극금으로 되어 있는 글자는 딱 떨어지고 극단적인 느낌이 든다. 감정적으로 딱 잘라 버릴 수 있는 에너지라는 의미이다.

 다음으로 '강'은 목의 양의 에너지이다. 아래에 토기가 더해져 있으므로 목극토의 구조, 즉 행동으로 관계를 극하는 구조이다. 극단적으로 말하자면 관계 집착형이라 할 수 있다. 그래서 관계가 깨지는 걸 싫어하고, 관계가 잘못되는 걸 힘들어하고, 그래서 관계를 붙잡으려고 애쓰고, 관계를 지키려고 하고, 어떻게 해서라도 관계를 붙들려고 하는 에너지이다. 이처럼 모든 글자에는 그에 해당하는 에너지가 담겨 있다. 그래서 이름을 오래 쓸수록 그 에너지가 자신의 몸에 배게 된다. 많이 들으면 들을수록 해당하는 이름의 에너지에 의해서 그렇게 된다는 것이다.

 예를 들어, '민경'이라는 이름을 살펴보자. '민'자는 'ㅁ'과 'ㅣ'의 양수에 'ㄴ'의 화기가 더해져 있다. 수극화의 구조이다. 즉 화기가 들어 있는 따뜻한 물이라는 의미이다. 그래서 '민'이라는 글자를 들으면 약간 부드럽고 온화한 느낌이 든다. 물성이 있으면서도 부드럽고 온화한 느낌을 주는 이름이다. 금기가 엄청나게 강해서 날카롭고, 예민하고, 까칠한 사람에게 부드러운 에너지를 줄 수 있는 이름이다.

　다음 '경'자는 'ㄱ', 'ㅕ'의 음목과 'ㅇ'의 토기로 구성된 목극토의 구조, 즉 토기가 음목을 받쳐 주고 있는 구조이다. 이 에너지가 부족하다면 이 글자가 부족한 에너지를 채워 주게 되는 것이다. 부족한 에너지를 채워 주는 글자는 그 글자를 보는 순간 혹은 듣는 순간 '마음에 든다', '괜찮은 것 같다'라는 느낌을 받을 수 있다.

2장
선천에너지 작명의 중요성

　이름을 지을 때는 기본적으로 글자의 파동에너지를 먼저 살펴본 후 한글을 맞추고, 다음으로 한문을 찾는다. 예를 들어 '규림'이라는 이름을 보자. '규'는 음목에 해당하고 '림'은 수기를 담은 양화이다. '리'자는 화기가 지나치게 폭발하니까 수기로 살짝 눌러 준 것이다. **자신에게 적합한 이름은 필요한 에너지를 이름을 통해 받을 수 있으므로 그만큼 중요하다.**

　이름을 지을 때도 자신의 상황에 따라 달라질 수 있다. 운세의 흐름에 따라서 자신에게 필요한 에너지가 있고, 필요하지 않은 에너지가 있고, 부족하거나 넘치는 에너지가 있다. 그래서 어느 시기에 자신에게 필요한 에너지가 무엇인지 파악하는 것이 무엇보다 중요하다.

　그러나 실제 작명의 현실은 그러한 에너지의 흐름을 제대로 파악하지 않은 채 무작위로 작명하는 경우가 많다. 심지어 작명 책 몇 권 공부하고 나서, 또는 관련 동영상 몇 편 보고 작명소를 차리는 사람도 있을 정도로 제대로 된 공부가 되지 않은 상태에서 작명이 이루어지는 경우가 많다. 당사자의 에너지에 적합하지 않은 이름을 짓는 경우, 그 사람의 인생에 미치는 부정적인 에너지 영향을 생각할 때 문제는 심각하다.

　작명에 관한 사례를 보면, A라는 분은 선천에너지 사주 구조에서 금수만 강성한 사람이다. 그러나 작명소에서 개명한 이름이 '선하'였다. '선'은 음금에 화기를 밑에 깔아 놓은 것으로 뜨거운 금이라 할 수 있다. '하'는 양토의 에너지이다. 양토는 음금으로 생을 한다. 그래서 금기를 더 강하게 한다. 그렇다면 금수가 강성한 사람에게 '선하'라는 이름은 오히려 금기를 더 강성하게 만들어 주는 이름이다. 나아가 A라는 분의 자녀인 딸은 토기가 강성한 사주 구조이다. 그래서 새롭게 개명한 이름이 '나희'였다고 한다. '나'는 양화이고 '희'는 양토이다. 화생토가 더 강성해지는 구조의 이름이다. 이처럼 작명에 대한 기본적인 개념도 없이 이름을 짓는 경우가 많다는 사실에 필자도 적잖은 충격을 받는 경우가 많다.

부족한 에너지를 보완하는 이름

이름을 지을 때는 글자에 포함된 에너지의 원리를 파악하는 것이 중요하다. '기역'이라는 발음을 할 때 혀의 모양을 살펴보라. 혀가 위로 올라가면서 솟아오르는 모양이 되면서 에너지가 위로 올라간다. 어떻게 보면 도약하는 듯한 느낌을 받는다. 다음에 '니은', '디귿', '리을', '티읕'은 앞으로 튀어 나가는 듯하며 앞으로 쏟아지는 쪽으로 나타난다. 그다음에 '이응', '히읗'을 발음하면 콧소리까지 나면서 굴러가는 소리가 나온다. 그다음에 '시옷', '지읒', '치읓' 하면 이에 혀가 닿으면서 딱딱한 소리가 난다. 그다음에 '미음', '비읍'은 입이 닫히면서 안으로 소리가 들어간다. 입이 닫히면서 에너지가 쏟아지는 게 아니라 안으로 들어가며 삼켜진다.

자신이 선천적으로 가지고 있는 에너지가 무엇인지를 먼저 알아야 한다. 그런 다음에 어떠한 에너지가 강하고, 어떠한 에너지가 부족한지를 파악하고, 무엇을 보완해야 하는지 찾아야 한다. 그 보완해야 하는 에너지를 이름으로 보완해 주는 것이 작명의 원리가 된다. 이름이 바뀌면 인생이 바뀌는 이유는 부족한 에너지가 보완되고 강한 에너지가 조절되기 때문이다.

사례로, 사주 구조에서 화기가 강성한 분이 있다. 그분은 '강병구'라는 이름을 사용하고 있다. '병'자는 음수에 토기가 있는 구조이고, '구'는 양목의 에너지이며 받침이 없어서 양목의 끝이다. 즉 수생목을 하면서 토기가 받쳐 주는 구조이다. 토기가 받쳐 주는 양목인 것이다. 그렇다면 화기가 강성한 사람에게 '병'자는 좋은 이름이 될 수 있을지에 대해 생각해 보라. 또한 '강'자와 '구'자는 화기를 생해 주고 있어 화기가 더 과열되는 구조의 이름이다. 그러므로 '구'자보다는 다른 자를 쓰는 게 낫다. 예를 들어서 '강병선', 아니면 '강병성', 이런 식으로 이름을 지었으면 더 나았을 것이다. 지금까지는 이름을 짓는 기준이 명확하지 않고 무엇을 기준으로 바라볼 것인지가 분명하지 않았다. 그러나 공부만 제대로 된다면 자신의 이름도 충분히 스스로 지을 수 있다.

이름은 자신이 하는 일과도 관련성이 매우 크다. 예를 들어서 금기가 강한 사람이라면 금기 소모를 많이 할 수 있는 일을 하면 효과적일 수 있다. 사주 구조에서 금기가 강성하고 금기가 많은 이름을 사용하더라도, 금기의 소모를 많이 하는 일을 하고 있다면 보완이 될 수 있다. 그러나 금기는 강하지만 금기와 상관이 없는 일을 하고 있다면 문제가 생길 수 있다. 그래서 금기가 강한 이름은 일을 할 때 정확하고, 명확한 규정을 잡는 일에는 진가를 발휘하지만 다른 측면에서는 상대적으로 다른 에너지에 부정적인 영향을 줄 수 있다는 것이다. 그래서 이름에는 일장일단이 있다.

또한, 이름은 환경적인 측면에서 상당한 영향을 줄 수 있다. 예를 들어, 차가운 환경에 지속적인 노출을 하는 사람이라도 뜨거운 화기의 이름을 가지고 있다면 환경을 견디는 힘이 있어서 그다지 문제가 되지 않는다. 강한 화기의 에너지와 화기의 이름을 가지고 있어도 차가운 얼음 창고에서 일하고 있다면 화기의 이름도 괜찮다는 의미이다. 그러나 강한 화기의 이름을 가진 사람이 냉동 창고가 아니라 뜨거운 환경에서, 열을 많이 내야 하는 환경에 처해 있다면 환경을 견디는 힘도 약해지고, 화기로 인한 문제가 발생할 수 있다. 만약에 화기가 강한 사람이 시베리아, 남극, 북극 같은 추운 지방에서 산다고 하면 화기의 이름이 더 좋을 수 있다. 결국, 이름의 영향은 어떠한 환경에 처해 있는가를 고려해야 한다는 것이다.

이름을 짓는 데 있어 원래 가지고 있는 에너지가 더 강해지도록 하는 것은 바람직하지 않다. 예를 들어, 화기가 강한 사람은 목생화의 에너지가 강해지는 이름은 피해야 한다는 것이다. 대신에 화기를 해소하는 방향인 토기와 금기를 중심으로 하는 이름을 사용하는 것이 좋다. 혹은 수기가 들어가는 이름도 좋다. 토기를 밑에 받침으로 깔면서 금수 위주의 이름으로 배열을 한다면 에너지도 더 좋아지고 전반적인 운이 더 잘 풀릴 수 있게 되는 것이다.

또한 사주 구조에서 수생목의 에너지만 있는 분이 있었다. 그분은 '소현'이라는 이름을 사용하고 있었다. '소'는 금기고, '현'은 화기와 토기의 에너지이다. 자신에게 없는 에너지만 이름에 다 들어 있는 셈이다. 이름을 통해 부족한 에너지가 상당히 보완되고 있는 셈이다. 하지만 이전의 이름에서는 금기의 에너지로만 된 이름을 사용했었다고 하며, 그 이름을 사용하는 동안 완벽주의 성향으로 힘들게 살았다고 한다. 그러나 개명을 통해 화기와 토기를 보완하면서 현재는 훨씬 부드러워지고 조화로운 성향으로 변화되었다고 말한다. 이처럼 자신이 어떠한 에너지의 이름을 가지고 있는가에 따라 자신에게 도움이 되기도 하고 마이너스가 되기도 한다.

작명의 수리학적 개념

이름을 지을 때 이름을 보는 다른 관점으로 수리학적 개념이 있다. 숫자를 통해 에너지를 보는 개념이다. 수리학적 개념을 이해하기 위해서는 먼저 숫자에도 에너지가 있다는 것을 이해해야 한다. 3이라는 숫자와 8이라는 숫자는 목의 기운을 가지고 있다. 홀수는 양이고 짝수는 음이다. 안정수이며, 움직이지 않으려고 하는 짝수가 음이다. 화학적인 구조에서도 짝수가 안정수라고 한다. 분자 구조를 볼 때도 짝수의 개수인 분자가 안정적이라는 말을 한다. 홀수는 움직이려 하고, 산화되고, 폭발하고, 자기들끼리 좌충우돌 부딪치는 데 비해 짝수는 다른 것과 합을 하려고 하지도 않고, 잘 융화를 하지 않는다. 그래서 깨는 것도 양이 깨고, 다시 재편성하는 것도 양이 하는 것이다. 화의 기운은 2, 7이다. 2가 음이고 7이 양이다. 다음으로 토의 기운은 5, 10이며, 5가 양이고, 10이 음이다. 금의 기운은 4, 7이며, 4가 음이고 7이 양이다. 수의 기운은 1과 6이며 1은 양이고 6은 음이다.

목기(木氣)		화기(火氣)		토기(土氣)		금기(金氣)		수기(水氣)	
3	8	2	7	5	10	4	9	1	6
+	-	-	+	+	-	-	+	+	-

그렇다면 글자에서 홀수와 짝수의 구분을 통해 음양을 구분하는 방법을 알아보자. 예를 들어, '남궁선아'라는 이름의 획수를 알아보자. '남'은 6회, '궁'은 4회, '선'은 5회, '아'는 3회이다. 그러면 6은 음수, 4는 음금, 5는 양토, 3은 양목이 된다.

남	궁	선	아
6회	4회	5회	3회
-	-	+	+
음수	음금	양토	양목

보완할 에너지로 호칭 부르기

이름이나 호칭을 부를 때는 보완할 에너지를 사용하는 것이 가장 좋다. 그래서 이름을 지을 때는 수리학적인 관점보다는 파동에너지의 관점을 우선으로 한다. 소리의 발음이 중요하다는 의미이다. 예를 들어, '남궁'이라는 성씨의 파동에너지는 목생화이다. 여기에 이름이 '선아'라고 할 때, '선아'는 금기와 토기의 에너지이다. 그래서 이름을 불러 줄 때 그 사람의 에너지가 목생화가 강할 경우에는 성을 제외한 이름만을 불러 주는 게 좋다. 자신을 부르는 모든 호칭에는 에너지가 담겨 있다. 그러므로 과한 에너지는 제외하고 부족한 에너지를 채워 주는 것으로 호칭을 받는 것이 유리하다는 의미이다. 그래서 전체 이름으로 '남궁선아'라고 불러 주기보다는 '선아 선생님', 아니면 '선아 쌤', 아니면 '선아 님', 이렇게 불러 주는 게 나을 수도 있다. 이렇게 주변 사람들에게 자신에게 필요한 에너지로 자신을 불러 달라고 요청을 하는 것도 나의 이름이 나에게 좋은 에너지로 작용하게 하는 방법이다. 왜냐하면, 자신이 어떤 호칭으로 불리우느냐에 따라 그 에너지가 자신에게 들어오기 때문이다.

일상적으로 가정에서 사용하는 호칭에서도 자신에게 적합한 에너지인지 확인해 볼 수 있다. 흔히 아이들이 있는 집에서는 '엄마', '아빠'라는 호칭을 사용한다. '엄마'라는 말에는 토기와 수기의 에너지가 담겨 있다. 그래서 토기와 수기의 에너지가 부족한 사람은 '엄마'라는 소리를 들었을 때 기분이 좋아진다. 그러나 그 에너지가 강한 사람은 그 말이 부담스럽게 들릴 수 있다. 그래서 아이들이 자꾸 부르면 짜증이 올라오면서 '그만 좀 불러'라고 말할 수도 있다. 그건 그 에너지가 자신에게 적합하지 않기 때문에 그런 느낌이 올라오는 것이다. 그리고 '아빠'라는 말에도 똑같이 토기와 수기의 에너지가 담겨 있다. 아이들에게 '아빠'라는 말을 들었을 때 그 에너지가 부족한 사람은 기분을 좋게 한다는 거다.

직장에서 어떤 직함으로 불릴 때도 그 호칭이 자신에게 맞는 에너지일 수도 있고 그렇지 않을 수도 있다. 어떤 사람은 '선생님'이라는 호칭으로 불릴 수 있다. '선생님'은 금기와 화기의 에너지이므로 화기와 금기가 강한 사람에게는 적합하지 않은 호칭이 된다. 그리고 이름과 직함을 함께 붙여서 부르는 게 좋을 수도 있고, 직함만 부르는 게 유리할 수도 있다. 그리고 상대방이 자신의 이름을 부르는 것보다 자신이 자신의 이름을 부르는 것이 더 좋다. 왜냐하면, 이름을 부를 때 내 안에서 먼저 파동 에너지의 울림이 일어나기 때문이다. 그래서 자신의 이름을 스스로 많이 불러 주는 게 좋다. 그리고 **자기에게 부족한 에너지로 호(號)를 만들어 사용할 수도 있다. 이름이나 호칭을 부를 때 그 앞에 호를 함께 불러 주면 효과를 충분히 보완하여 볼 수 있다.**

이처럼 자신에게 어떠한 호칭이 자신의 에너지에 적합한지 찾아보는 것도 필요하다. 자신의 에너지에 따라 어울리는 호칭이 서로 다를 수 있다. 호칭이란 자신이 있는 자리와도 어울리는 것이어야 한다. 간혹 자신이 있는 자리와 호칭이 어울리지 않은 사람도 있다. 그것은 얼굴은 사장급인데 호칭은 대리급인 것처럼 자신의 에너지와 호칭이 어울리지 않는 사람인 경우다. 그래서 이름을 지을 때 어떤 호칭으로 불리는지 확인해 보는 것도 필요하다. 불리는 호칭과 이름의 에너지가 서로 충돌하지 않도록 하는 것이다. 예를 들어 금기가 강한 사람이라면 '선생님'이라는 호칭보다는 '박사님'이라는 호칭이 더 낫다. 되도록 자신이 가지고 있는 강한 에너지를 피하는 것이 좋다.

필요한 에너지를 보강하기 위해서 아호를 사용하기도 한다. 텔레비전이나 드라마를 보면 아호를 부르는 걸 볼 수 있다. 아호를 부를 때는 끝에다가 '~님'과 같이 다른 말을 붙이지 않는 경우가 많다. 그것은 어떠한 에너지를 보호하기 위한 발음이라고 볼 수 있다.

3장
이름이 미치는 영향력

　사회적으로 영향력이 큰 사람이 자신의 이름을 불렀을 때는 그 에너지의 영향을 크게 받는다. 대통령이나 사회적으로 영향력이 매우 큰 사람이 자신의 이름을 불렀을 때, 그 이름이 자신에게 좋은 이름이라면 그 이름이 주는 영향력은 매우 크다. 예를 들어서 대통령이 자신의 이름을 불렀다고 할 때 그 에너지가 두 배, 세 배로 들어오게 되는 것이다. 만약에 BTS의 리더가 나의 이름을 불렀다고 상상해 보거나, 좋아하는 연예인이나 자신이 존경하는 분이 나의 이름을 불러 줬을 때 전율이 느껴지고 소름 돋으면서 날아갈 듯이 기쁜 느낌이 들 것이다. 이처럼 어떤 사람이 나의 이름을 불러 주느냐에 따라서도 에너지의 차이가 엄청나게 날 수 있다.

　특히 스님이나 목사님처럼 기도하는 에너지가 강한 분들이 있다. 그런 분들은 다른 사람들보다 에너지 파장이 세다. 그런 분들이 이름을 불러 주거나 호를 불러 준다고 할 때 엄청난 영향력을 미치는 에너지가 온다고 보면 된다. 그리고 자기 스스로가 그런 에너지를 가진 사람이라면 또 다른 사람한테 어마어마한 영향력을 줄 수 있다는 것이다.

　아이들이 어릴 때 부모의 영향을 많이 받는 것도 부모들이 아이들의 이름을 부르기 때문이다. 아이의 가족이나 아이에게 영향력을 주는 사람이 아이의 이름을 불러 줄 때 이름의 에너지가 강하게 들어가게 된다. 그래서 자식이나 부모, 아내나 남편이 나에게 맞는 이름을 많이 불러 주는 것이 엄청나게 큰 도움이 될 수 있다. 그래서 어떤 호칭을 쓰는 것도 중요하지만 또 누가 불러 주는가도 중요하다.

이름은 글자의 모양만 볼 것이 아니라 발성을 통해 나오는 소리가 어떤 소리인지가 중요하다. 보이는 글자보다 들리는 소리가 더 중요하다는 의미이다. 그래서 요즘은 이름 녹음기라는 것도 있다. 자신의 이름을 녹음한 후 그 소리를 반복해서 들어서 그 에너지 파장의 영향을 받도록 한다는 것이다. 그 원리는 물리학적으로나 파동학적으로, 에너지학적으로 일리가 있기도 하다. 전기에너지를 통해 파동에너지를 공중에 계속 뿌려 주는 것과 같다.

이름은 한두 번 듣고 마는 것이 아니라 계속해서 반복적으로 듣게 된다. 화내는 말이나 짜증 나는 말은 지나가고 말지만, 죽을 때까지 듣는 게 이름이기도 하다. 그 말은 특정한 에너지가 반복적으로 나에게 들어온다는 걸 의미한다. 그렇게 지속해서 들어오는 에너지가 나에게 적합한 에너지라면 좋겠지만, 만약 나에게 적합하지 않은 에너지라면 서서히 에너지를 고갈시켜 자신을 다운그레이드 시킬 수도 있다.

자신의 이름이 자신의 에너지에 최적화되어 있고, 적합한 에너지라고 할 때는 주변인들이 그 이름을 잘 불러 줄 수 있도록 또는 불러 달라고 요청을 해야 한다. 자신의 호칭도 자신에게 맞는 에너지를 찾아내어 그 호칭으로 불러 달라고 할 수도 있다. 호칭을 부를 때는 호칭만 부르기도 하지만 되도록 이름을 붙여서 부르는 게 좋다.

존재감이라는 것도 결국 이름 때문에 생기는 거다. 누구나 이 세상에 태어났기 때문에 자신의 이름을 갖게 된다. 이 세상에 태어났기 때문에 생긴 이름은 곧 자신의 에너지를 상징하는 것이기도 하다. 그러므로 자신을 상징하는 이름을 함부로 남용해서도 안 되고, 함부로 생각해서도 안 되고, 함부로 사용해도 안 된다. 예를 들어 독립운동가 중에 독립선언을 한 33인 중 이름이 들어가 있는 사람의 후손은 그 이름 때문에 유공자 집안이 된다. 그만큼 이름의 영향력은 엄청나게 크다. 이름의 영향력은 후손에게까지 영향을 미친다.

이름 앞에 어떠한 수식어가 붙게 되느냐에 따라 그 후손들이 받은 영향력도 크게 달라진다. 예를 들어 '이완용'이라는 말만 들어도 사람들은 '나라 팔아먹은 이완용'이라고 자동으로 생각한다. 그냥 이름만 말하는 게 아니라 '나라 팔아먹은'이라는 수식어가 붙게 된다. 혹은 이순신 장군은 '성웅 이순신 장군', 혹은 '나라를 구한 이순신 장군'이라고 불린다. 그래서 이름 앞에 어떠한 수식어를 붙일 수 있는냐에 따라, 혹은 수식어를 붙일 수 있을 정도의 영향력을 행사하는 사람이냐에 따라 그 이름의 가치를 하는 사람이라고 볼 수 있다.

소리의 에너지 파장

무심코 내뱉는 말이 상대방의 인생에 엄청난 힘을 발휘할 수 있다. 특히 사람을 수식하는 말의 영향력은 상당히 크다. 그러므로 자식이나 가족 등을 부를 때 어떻게 부르고 있는지 점검해 보는 것도 필요하다. 아이들이나 남편을 부를 때 상대방의 에너지에서 부족한 에너지로 불러 주는 것이 좋다. 만약 아이들의 이름을 부를 때 예를 들어, '진경아~'라고 부르는 것과 '진경'으로 부르는 것은 다르다. 만약 아이의 에너지에 토기가 많다면 토기를 뺀 '진경'으로만 불러 주는 것이 좋다. 남편을 부를 때 '여보'나 '자기', '달링' 등 여러 가지로 부를 수 있다. 이때 상대방의 에너지가 금기와 수기가 많은 사람이면서 화기를 보완해야 하는 사람이라면 '달링'이라고 부르는 것이 좋을 것이다. 어떤 사람은 남편을 애칭으로 '쭌'이라고 부르는데, 만약 남편이 금기가 강한 사람이라면 다른 호칭으로 바꾸는 것이 좋다. 이처럼 일상적으로 부르는 호칭을 통해서도 에너지가 들어간다는 것을 알아야 한다. 그러므로 그 사람에게 맞는 호칭을 불러 주는 게 좋다.

호칭에 따라 에너지 파장이 달라진다는 것은 경험을 통해서도 알 수 있다. 에너지 파장이 달라지면 집안의 분위기나 심지어 직장의 분위기까지 바뀔 수 있다. 누구나 다 아름답게 살고 싶고, 행복하게 살고 싶고, 기쁘게 살고 싶고, 즐겁게 살고 싶어 한다. 그러면 그거에 걸맞은 파장을 내야 한다. 그 파장을 내지 못하면 마이너스가 되는 것이다. 호칭에 그 에너지가 계속 흘러나오는 것이다.

삶의 변화는 이름이나 호칭을 통해서 이루어지기도 한다. 이름의 에너지 파장이 보이는 듯, 안 보이는 듯 삶에 영향을 주고 있다는 것이다. 예전 상담사례 중에 화의 기운이 굉장히 강한 아이가 있었다. 4살~5살 정도 되는 여자아이인데 완전히 천방지축이었다. 감정 표현을 어마어마하게 하는 아이였는데, 심지어 이름도 화기의 이름이었다. 그래서 아이의 에너지를 조절하기 위해 이름을 금수의 에너지로 바꾸어 부르게 했더니 일주일 정도 지나서 아이가 조용해졌다는 피드백을 받은 적이 있다. 그만큼 이름의 에너지가 나를 북돋을 수도 있고, 나를 죽일 수도 있고, 나를 안정되게 할 수도 있고, 불안하게 만들 수도 있다는 것이다. 그래서 이름이 어떻게 불리도록 조정하는 것도 삶의 중요한 컨설팅이 된다.

이름의 에너지 흐름과 순환

이름에도 에너지의 흐름이 존재한다. 글자의 에너지 파동이 잘 일어나도록 하기 위해서는 음양의 균형을 잘 맞추도록 해야 한다. 이름 세 글자를 볼 때 성이 홀수로 시작했다고 하면 '홀·짝·홀'로 진행되도록 하는 것이 좋다. 만약 짝수로 시작했다고 하면 '짝·홀·짝'으로 진행하는 것이 좋다. 비율적인 측면을 봤을 때 그렇다는 말이다. 그리고 음양의 관점에서 봤을 때는 '음·양·음', '양·음·양'으로 흐르는 게 좋다. 그럴 때 파동이 잘 일어나서 더 좋은 영향을 줄 수 있기 때문이다. 그러나 만일 이름이 오행학적으로는 맞지만, 음양의 구조에서 '음·음·음'이라면 별로 좋은 이름이 아니다. 그래서 '음·양·음' 또는 '양·음·양'의 구조로 만드는 게 제일 좋다.

만일 사주 구조에서 음의 에너지가 너무 강하다면 '양·양·양'으로 넘어가는 것도 괜찮다. 또한, 사주 구조에서 양이 지나치게 강하다면 그때는 '음·음·음'도 괜찮다. 또한, 성씨는 빼고 이름의 에너지가 양에 집중되어 있는지. 또는 음에 집중되어 있는지. 또는 음양의 균형을 어떻게 맞출지 등에 대한 것도 고려해야 한다. 더 나아가 운세의 에너지 흐름도 중요하게 파악해야 한다. 사주에너지의 운세의 흐름은 10년 단위의 대운에서 흘러가는 에너지가 있다. 대운의 흐름은 크게 30년 단위로 목화토금수 오행의 흐름으로 흘러가는데, 그 에너지의 흐름에 따라 보완해야 하는 에너지가 달라진다.

태어날 때 부여받은 선천적 에너지의 균형을 맞출 수 있도록 해야 한다. 사람들의 선천적 에너지는 대부분 한쪽으로 쏠려 있는 경우가 많다. 각자가 가지고 있는 에너지의 균형은 저절로 이루어지지 않는다. 특히 균형이 안 맞는 이름을 갖고 있으면 한쪽으로 더 쏠리게 된다. 사주팔자의 글자가 모두 음의 글자로 이루어진 음팔통(陰八通)인 필자의 이름은 '대희'이다. '대희'는 '양·양'의 에너지이다. 그러므로 음팔통인 필자에게는 음의 에너지 글자를 사용해서 에너지가 나에게 들어오게 하는 것보다 양한 글자를 써서 에너지가 나가게 하는 것이 훨씬 좋다.

이름의 글자를 볼 때는 에너지 순환의 흐름도 확인해야 한다. 에너지가 뭉쳐져 있으면서 정체되어 있는지, 혹은 바깥으로 에너지를 발산하고 있는지를 봐야 한다. 그리고 사주 구조의 운세의 흐름에 따라 에너지를 발산해야 하는 시기가 있고, 흡수해야 할 시기가 있다. 그러므로 자신이 가지고 있는 에너지와 운세의 흐름이 어떤 식으로 조합되어 움직이고 있는가에 대해 전방위적으로 봐야 한다.

한자를 지을 때도 흐름이 원활하게 하는 것이 좋다. 한자의 흐름은 획수를 보면 된다. 획수가 '홀·짝·홀', 또는 '짝·홀·짝'으로 진행되는 것이 좋다. 그다음에 의미적으로도 에너지에 따라서 '음·양', '양·음'으로 흐름을 만들어 주는 것이 좋다. 그런데 만약 사주에너지가 음으로 쏠려 있거나 양으로 쏠려 있는 경우에는 '음·음'이나 '양·양'으로 해서 반대로 지어 주는 것이 훨씬 낫다.

받침 글자를 통해 특정한 에너지를 더 강하게 할 수도 있다. 한글을 보면 'ㅁ' 이나 'ㄴ' 등의 받침 글자가 들어간다. 받침 글자는 에너지를 보충하기 위한 것이므로 메인은 아니다. 예를 들자면 목기가 너무 필요해서 목기를 너무 많이 넣어 주고 싶은데 잘 안 되는 경우가 있다. 예전의 롯데 회장 이름이 '신격호'였다. '격'은 목기를 이중으로 엄청나게 세게 넣은 것이다. '항', '홍'처럼 토기에 토기를 넣기도 한다. '눈'처럼 'ㄴ'에 'ㄴ'을 더한다든지, 아니면 'ㄱ'에 'ㄱ'을 더한다든지, 'ㅅ'에 'ㅅ'을 더한다든지, 이런 식으로 에너지를 중첩되게 하는 것은 해당 에너지를 강력하게 부여하고자 할 때 사용한다. 그래서 그런 글자들을 쓰고 있는 사람들을 보면 삶이 좀 드라마틱한 경우가 많다. 왜냐하면, 강한 에너지의 이름을 통해 특정한 에너지가 극단적으로 쏟아질 수 있기 때문이다.

그래서 이름에 특정한 에너지를 강하게 부여할 때는 매우 신중해야 한다. 예를 들어 '신격호'의 이름을 보면 목기를 어마어마하게 세게 한 건데, 만약 이분이 금기나 토기가 엄청나게 센 구조여서 목기가 심하게 타격을 받는 구조라면 '격'자는 굉장한 신의 한수가 될 수 있을 것이다. 그러나 만약 목기가 창궐한 사람이 '격'자의 이름을 사용했다면 강한 목기로 인해 생명이 위험할 정도의 문제가 발생할 수도 있다. 그러므로 중첩된 글자를 쓸 때는 특히 신중해야 한다.

주변에서 중첩된 글자를 한번 찾아보자. '객'은 목기가 중첩되어 있고, '황'은 토기가 중첩되어 있다. 그래서 황씨 고집을 황소고집이라고 하기도 한다. 그리고 '영'도 토기가 중첩된 것이다. 토기는 변화보다는 안정을 추구하고 고집이 세고 활동성이 떨어질 수 있는 에너지이다. 태어날 때 토기의 에너지가 강한 사람에게 이름까지 강한 토기를 주게 되면 엄청나게 답답한 삶을 살게 될 수 있다. 그런 사람에게는 목기와 화기를 강하게 해서 활동성도 부여하고, 뭔가를 확장하여 펼쳐지고 넓어지게 하는 것이 좋다.

어떤 글자의 이름을 갖고 있느냐, 어떻게 불리고 있느냐가 삶에서 굉장히 중요하다. 어떤 이름을 갖느냐에 따라서 에너지가 충돌할 수도 있고, 치우칠 수도 있고, 특정 에너지로 편중될 수도 있다. 만약에 토기가 많은 사람의 이름이 '일웅'이나 '이용'처럼 토기가 강한 이름이라면 좋지 않은 이름이 된다. 그러나 이와 반대로 토기의 에너지가 하나도 없는 사람이라면 토기가 강한 이름이 좋은 이름이 되는 것이다.

이름이 삶에 미치는 영향력은 통계학적으로 한 30% 정도로 본다. 70%는 사주팔자가 영향을 주고 30%는 불리는 이름이 영향을 준다는 말이다. 에너지의 이름이라는 것은 음식을 먹는 만큼의 영향은 주지 않겠지만 직접 소리를 들음으로써, 그리고 문자적으로 영향을 주기 때문에 관리를 잘하는 게 좋다.

해가 바뀔 때마다 자신의 에너지를 어떻게 보완할지 아는 것도 삶의 지혜이다. 올해는 임인년으로 수생목이 강하고 목기가 강한 해이다. 자신의 에너지에 목기가 강성하다면 어떻게 해야 할까? 이럴 때 바로 아호나 호를 써서 강한 에너지를 눌러 줘야 한다. 목기가 부담을 주는 해는 빨리 아호를 만들어서 그걸 같이 불러 주는 형태로 가는 게 지혜롭게 대처하는 방법의 하나이다.

한글의 음양오행에 관한 질의 응답

> **질문 1.**
> **'ㅐ', 'ㅢ', 'ㅖ'은 어떻게 음양으로 분류를 하나요?**
>
> 'ㅢ', 'ㅖ'는 음양이 붙어 있는 것이다. 중화되어 있다고 보면 된다. 'ㅐ'와 'ㅒ'는 절제되는 양으로 본다. 세워진 게 많으면 양이고, 옆으로 누운 게 많으면 음이라고 보면 된다.

> **❓ 질문 2.**
> 파동적인 측면에 본다면 파동적 에너지가 단어의 근원적인 의미라고 볼 수 있을까요?

당연하다. 예를 들어서 '응'이라는 말이 있다. 우리가 언제 '응'이라는 말을 할까? 동의할 때 하는 말이다. ○, △, □가 내포하고 있는 뜻이 있다. 동그라미(○)는 정신계를 의미한다. 이를 '얼'이라고 말한다. 네모(□)는 물질계를 상징한다. 이를 몸이라고 한다. 그다음에 세모(△)는 시간계를 상징한다. 이는 '맘'이라고 부른다. 이걸 사용해서 얼, 몸, 맘이라고 부른다. 그러면 삼각형으로 되어 있는 것은 대부분 시간과 관련된 에너지와 관계가 있다. 미음(ㅁ)으로 시작되는 것들은 다 물질계와 관계가 있고, 이응(ㅇ)으로 시작되는 것은 정신계와 관계가 있다. 이것이 한글 창제의 원리이다. 이를 빛의 관점이라고 한다. 빛 자체의 에너지를 글자화한 것이라고 보면 된다.

그래서 동그라미(○)를 천(天), 하늘이라고 한다. 네모(□)를 지상, 땅, 지(地)라고도 하고, 그다음에 세모(△)를 인(人)이라고 한다. 그래서 이것을 참고하면 이름에 쓰일 때 어떠한 에너지가 맞느냐를 볼 수 있다. 예를 들어 '홍길동'을 보면, 이응(ㅇ)이 많다. 정신계의 에너지이다. 그다음에 '길'이라는 글자는 네모(□)와 가깝고, 물질계를 상징한다. 이런 형태에서 보면 글자에 무엇을 추구하는 에너지가 있는지 볼 수 있다. 예를 들어, '민'자는 물질을 소유하는 글자이다. '영'자는 정신을 소유하는 글자이고, '선'자는 마음을 상징하는 것이다. 예를 들어 '참선'이라고 하면 마음 수련을 하는 것을 말한다. 그 글자에 그러한 의미가 있다는 것이다.

'만능' 하면 '만'의 글자가 물질을 상징하고, '능'이라는 글자도 또 물질을 상징한다. 물질을 다루는 것이 만능인 거다. 그렇게 모든 글자에 에너지적인 것이 포함되어 있고, 오행학적인 원리도 모두 들어가 있다.

> **질문 3.**
>
> **글자를 볼 때 음양적인 개념과 오행적인 개념을 구분해야 한다고 말씀하셨는데, 자음은 오행적인 것으로 보고, 모음은 음양적인 것으로 보면 될까요?**

그렇다. 왜냐면 흐름이라고 하는 것은 자음에 의해서 생긴다. 글자를 구성해 보면 'ㅁ', 'ㄹ' 등 자음만 가지고 글자가 형성되지 않는다. 자음은 단지 존재는 할 수 있지만, 그것만으로 글자가 만들어지진 않는다. 예를 들어 '홍'이라는 글자에서 'ㅗ' 글자가 없다고 생각해 보라. 그러면 흐름이 생기지 않는다. 진행이 안 된다는 거다. 그래서 음양이라는 것은 변화와 변동이라고 얘기했다. 자음은 변화 변동을 상징하고, 음양적인 관점이 강한 것이고, 모음은 오행적인 관점이 강해서 흐름이 생긴다. 한글은 음양오행이 정확하게 들어가 있는 과학적인 소리글자이다. 한글은 파동적으로도 에너지가 센 글자이다.

영어에서도 한글 발음으로 파동에너지를 확인할 수 있다. 필자는 영어 이름으로 '벤저민(Benjamin)'이라는 이름을 사용한다. 이 영어 이름은 금생수의 에너지에 해당한다. 양금을 수기로 빼내는 글자이다. 필자는 사주 구조상 양금의 에너지가 없고 음금의 에너지만 존재하기에 금생수의 흐름이 잘 안 되는 구조이다. 그래서 금생수의 흐름을 만들기 위해 벤저민이라는 영어 이름을 찾아낸 것이다. 영어 이름에서도 파동에너지의 영향을 받기 때문에 자신의 에너지에 맞는 이름을 지어 보는 것이 좋다.

Part 2
작명의 음양오행적 순환

1장
파동(波動)에너지의
음양오행(陰陽五行)적 상징

누구나 태어날 때 자신의 고유한 에너지를 부여받아 태어난다. 타고난 에너지에 따라 변화하는 시대와 환경에 반응하면서 다양한 모습으로 살아가게 된다. 필자는 자신이 타고난 에너지의 균형을 어떻게 이루는가에 따라 그 삶이 바뀔 수 있다는 것을 지금까지 여러 차례 경험해 왔다. 그만큼 자신의 에너지에 부합하는 이름을 짓는 것이 중요하다. 그래서 작명을 배우고자 하는 사람들에게 이름을 잘 지을 수 있도록 어떻게 가르칠까에 대한 고민을 많이 하게 된다.

이름을 지을 때는 이름을 받는 당사자의 에너지에도 부합해야 하고, 부를 때 예쁘게 호칭 될 수 있어야 하고 또한, 본인의 마음에도 흡족하게 느껴져야 한다. 그래서 이름을 지을 때 편하고 쉬우면서도 정확하고 명확하게 짓는 방법을 고민하면서 약간의 정리를 하게 되었다. 지금부터 그 내용을 함께 나누고자 한다.

먼저, 파동이라는 에너지가 어떠한 역할을 하는가에 대해 생각해 보자. 왜냐하면, 이름은 몸 안에 머무는 게 아니라 사회적으로 바깥에서 불리는 에너지이기 때문이다. 누군가가 자신의 이름을 부를 때 이름의 파동에너지는 자신에게 그대로 영향을 미친다. 그러다 보니 이름이 가지고 있는 에너지를 오행학적으로 봤을 때, 어떠한 파장을 일으킬까에 대해 정의를 해 보는 게 필요하다. 따라서 다음과 같이 도표로 표현할 수 있다.

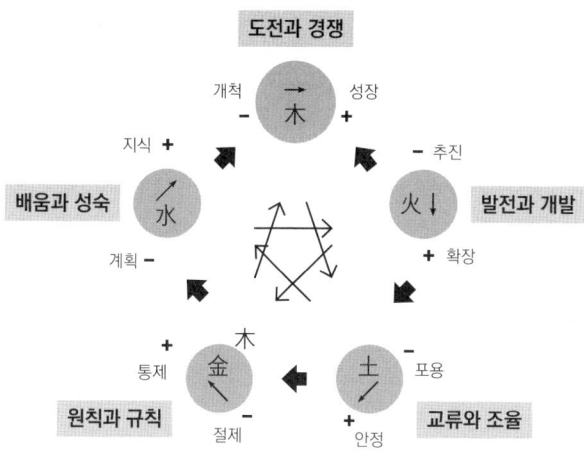

그림1. 파동에너지의 음양오행적 상징

목기(木氣)의 파동에너지 상징: 도전과 경쟁

목기의 에너지 중에서 음의 에너지는 개척의 의미를, 양의 에너지는 성장의 의미가 있다. 개척이라는 것은 새롭게 시작하는 것, 프론티어, 즉 개척자라고도 한다. 그래서 뭔가를 시작하려고 하는 심리나 시작하려는 힘을 상징한다. 신체 장부 중 간이라는 것도 신체 기능상의 모든 것을 시작하게 만드는 에너지를 갖고 있다. 그래서 목의 음장부(陰臟腑)에 해당하는 게 간(肝)이기도 하다. 해당 장부는 심리적으로 봤을 때 의지, 의욕을 상징한다. 그래서 의지라는 것도 개척하기 위한 힘이라고 보면 된다.

그렇다면 사회적으로 개척자의 힘이 필요한 사람은 누구일까? 어떤 것을 연구하는 사람들, 탐구하는 사람들, 새로운 일을 하고자 하는 사람들, 신사업을 개발하는 사람들, 새로운 아이디어를 발굴하는 사람들이 개척의 에너지가 필요한 사람들이다. 그러한 사람들은 개척의 에너지가 있으면서 또한 그러한 에너지를 잘 발휘할 때 그 일을 하는데 문제가 생기지 않는다. 그래서 개척과 관련된 일을 하고자 하는 사람들은 그런 이름을 가지는 것이 좋다.

개척과 성장의 확장된 에너지는 도전과 경쟁이다. 목기가 강한 사람들은 승부욕이 강한 편이다. 반드시 이기려고 노력하면서, 만약에 지게 되더라도 다시 도전하려고 한다. 반드시 이겨야 하고 목표를 달성해야 한다는 강박관념도 있다. 또한, 겁 없이 실행하려고 하는 도전 정신도 강하다. 목기가 강한 사람들은 이런 에너지를 갖고 있지만, 한편으로 이러한 목기의 에너지가 필요한 사람들이 있다.

반면, 안정을 추구하고 원칙과 규칙을 추구하는 사람들은 그 자리에 머물러 있는 경향이 많다. 그런 사람들에게는 상대적으로는 도전하고 경쟁하는 마인드가 필요하다. 목기에 해당하는 이름을 통해 그러한 에너지를 부여할 수 있다.

그렇다면, 도전과 경쟁이 필요한 일은 무엇일까? 스포츠와 같이 경쟁에서 이겨야 하는 일, 어떤 시합과 대회와 관련된 일, 새로운 분야에 도전하여 개척해 나가는 일 등에는 개척의 에너지가 필요하다. 어떠한 분야에서 성공할 수 있을지의 여부도 이름을 통해 가늠해 볼 수 있다. 스포츠 선수를 볼 때 이름이 어떠냐에 따라서 어떤 선수가 잘 되겠는지, 또는 어떤 선수가 조금 어려울 수도 있겠다는 걸 알 수 있기도 하다. 물론 그 사람의 본질적인 에너지도 중요하겠지만 그런 이름이 따라가는 경우가 있으므로 같이 봐 주는 것이 필요하다.

화기(火氣)의 파동에너지 상징: 발전과 개발

성장을 원하는 사람들이 있다. 성장과 배움이 느리거나, 빨리 배우지 못하는 사람들은 성장의 에너지가 필요하다. 어떤 일을 추진하고, 열정적으로 어떤 것을 만들어내는 사람들, 뭔가 새롭게 시작한 것을 이어받아서 그것을 더 잘 이렇게 끌어 나가는 사람들, 추진력이 필요한 사람들, 열정이 넘치는 사람들은 음화의 추진에너지가 있어야 한다. 이름에서도 그런 에너지를 보유하는 것이 유리하다.

그다음 확장의 에너지인 양화에너지가 있다. 일을 확장하면서 더욱 넓게 펼칠 수 있는 에너지를 말한다. 이는 자신이 가지고 있는 에너지를 보유하기만 하는 것이 아니라 확장해서 더 넓게 사용하고 더 빛나게 할 수 있는 에너지이다. 이와 같은 일을 하는 사람들은 적합한 이름을 가지고 있는 것이 필요하다. 예를 들어, '김태희'라는 연예인이 있다. 얼마 전 TV에서 메이크업 아티스트들이 말하기를, 김태희는 얼굴 자체가 빛나는 사람이라고 했다. 이름 자체를 보면 '김태희'는 빛이 밝게 빛나서 확장한다는 의미가 있다. '태'자도 확장의 의미가 있지만 '희'라는 것도 밝을 희(熙)자를 주로 쓴다. 이처럼 밝음을 확장할 수 있는 에너지를 그대로 표현한 이름이라고 할 수 있다.

추진과 확장이 더 확대한 에너지는 발전과 개발을 의미한다. 이러한 에너지가 필요한 일은 어떤 일이 있을까? 발전하고 싶고, 새롭게 뭔가를 개발해서 뭔가 더 멋지게 살고 싶어 하는 사람, 화려한 삶을 살고 싶어 하는 사람들은 이러한 에너지의 이름을 사용하는 것이 좋다.

또한, 매사에 추진력이 부족해서 어떤 일을 확장하여 발전시키지 못하는 사람들도 이러한 에너지가 필요하다. 화기가 부족한 사람들은 어떤 일을 시작하기는 하지만 추진력을 갖고 더 넓게 확장하여 발전시켜 나가는 데 어려움을 겪기 쉽다. 왜냐면 그러한 에너지가 부족하기 때문이다. 그래서 시작은 했으나 제대로 펼치지 못하고, 기대하는 수준까지 발전시키고 개발시켜 나가지 못하고 멈추게 되는 경우가 있다. 이처럼 화기의 에너지가 부족한 사람들에게 화기의 이름을 지어서 보완하는 것이 필요하다. 또 한편으로는 화기의 에너지가 지나치게 강해서 무리하게 확장하고 발전시키려고 하는 사람에게는 화기의 에너지가 바람직하지 않을 수도 있다.

토기(土氣)의 파동에너지 상징: 교류와 포용

음토의 에너지는 사람들과 잘 어울리면서 포용하고 수용하는 에너지이다. 음토의 글자가 그런 에너지를 가지고 있다는 거다. 양토는 안정감과 평안함을 취하는 에너지이다. 예를 들어 휴가철이 되면 대부분 산의 계곡으로 가서 휴양하는 볼 수 있다. 사람들은 심신의 안정을 취하기 위해서 산에 많이 간다. 뭔가 번잡하고 힘들고 어려움을 겪는 사람들이 '산으로 가야 되겠어'라는 말을 하는 걸 볼 수 있다. 그렇다면 '산'이라는 의미, '계곡'이라는 의미는 다 안정을 의미하고 있다. 그래서 안정을 추구하는 것이 양토의 에너지이다. 그러나 태어날 때 양토의 에너지를 부여받아 늘 안정감 있게 생활하는 사람에게 이름까지 양토의 이름을 지어 주면 지나치게 머무르게 될 수 있다. 그래서 움직이지 않고 그냥 눌려 있는 형태로 살아가기 쉽다. 반면, 양토의 에너지가 부족하고, 사람들과 교류하고, 조율하고, 사람들과 어울리는 것을 추구하는 사람들은 양토의 에너지로 이름으로 지어 주는 것이 좋다.

특히 사람과 교류하는 일에 관련된 직종의 사람들에게는 이러한 토기의 에너지가 중요한 힘을 발휘한다. 인간관계가 모든 일의 기본인 현대 사회에서, 특히나 인간관계를 실패하게 되면 자신이 원하는 일을 이루거나 진행하기가 매우 어렵기 마련이다. 관계를 통해 조율하면서 포용하는 것도 해당하는 에너지가 있어야 가능하다. 그렇다면, 이러한 토기의 에너지가 필요한 사람들은 어떤 사람들일까? 사람과의 관계 맺음이 중요한 일, 사람들로부터 협조를 얻어야 하는 일, 사람들로부터 믿음이나 신뢰를 얻어야 하는 일 등을 하는 사람들에게는 이러한 토기의 이름이 적합하다. 또한, 사람들과 관계를 맺고 협조를 구하는 것을 힘들어하는 사람들, 다른 사람과 함께 어떤 일을 하는 것을 어렵게 생각하는 사람들, 사람들과 어울리는 것이 어려운 사람들처럼 토기의 에너지가 부족한 사람들도 토기의 이름을 통해 부족한 에너지를 보완하는 것이 필요하다.

금기(金氣)의 파동에너지 상징: 원칙과 규칙

음금의 에너지는 절제하는 힘이다. 음금이 강한 사람들은 참고 참다가 폭발하는 것으로 인한 문제가 생길 수 있다. 그때그때 쌓인 것을 풀어내지 못하고, 참고 참다가 때를 놓치는 경향이 있다. 그래서 음금이 강한 사람들은 상대적으로 음금의 글자를 쓰지 않는 게 좋다. 그러나 반대로, 어떤 것을 참지 못하고, 급하게 행동하고, 지나치게 활동적이고 진취적인 사람들에게는 절제의 음금 에너지가 필요하다. 예를 들어서 '전서윤'의 이름을 가진 어떤 분은 2월에 태어났다. 2월에 태어난 사람들은 성격이 굉장히 급해서 마치 번갯불에 콩 볶아먹듯이 일처리를 하는 스타일이다. 그런 경우에는 급하게 뭔가를 하면 사고가 나기 쉽다. 그러니 급하게 하고자 하는 것을 절제시키고, 차분히 만드는 에너지로 이름을 지어 주는 게 좋다.

그다음에 양금은 통제의 의미가 있다. 뭔가를 제압하고, 지시하고 어떤 것을 통제시켜서 바꿔 나가는 법률과 같은 느낌의 글자이다. 이처럼 글자가 가진 에너지의 특성을 구체적으로 이야기를 하는 이유는, 어떤 사람에게 어떤 글자를 부여할 때 그 에너지가 그 사람에게 들어간다고 생각하면서 이름을 지어야 하기 때문이다.

자신이 가지고 있는 에너지가 무엇인지를 정확히 아는 진단이 기본으로 주어져야만 해당하는 해법의 이름을 부여하고 작명을 할 수 있다. 만약 목기와 화기가 강한 사람이라면 시작과 추진하는 힘은 강하나 마무리하고 정리하여 결과를 얻는 힘이 약하여 어려움을 겪을 수 있다. 마치 축구 선수가 골대 문전에서 골인의 결과를 만들지 못하고 골대 문전만을 맴도는 것과 같다. 어떤 일을 마무리하고, 일의 결실을 맺기 위해서는 필요한 부분을 통제하고 제압할 수 있는 금기의 에너지가 필요하다. 그래서 목표 지향적인 일이나 목적을 이루고 결과를 이루어야 하는 일에는 금기의 에너지가 필요하고 금기의 에너지가 강한 사람이 그러한 일을 잘 해낼 수 있다. 반면에 금기가 필요한 일을 하면서 금기가 부족한 사람들은 금기의 이름을 지어서 부족한 에너지를 보완할 수 있다.

솔루션이 되는 에너지의 이름은 자신에게 최적화된 에너지를 공급하는 것이다. 원칙과 규칙을 추구하고 리더십과 지도자적 에너지를 보강하는 것이 필요한 사람은 그러한 에너지의 이름이 잘 어울릴 수 있다.

수기(水氣)의 파동에너지 상징: 배움과 성숙

음수의 에너지는 계획성을 의미한다. 뭔가를 궁리하고 계획하고 하는 것을 의미하기 때문에 주로 계획을 하는 사람에게는 그런 이름이 필요하다. 그리고 양수의 이름은 지식적인 것, 지식을 추구하는 에너지를 부여한다. 그다음 학업적이고 배우고, 익히고, 가르치고자 하는 사람들은 배움과 성숙을 일으키고, 지성인과 이성인을 만드는 에너지를 상징하는 수기의 에너지가 필요하다. 예를 들어 공부를 더 잘하게 한다든지, 지식을 습득하기 위해서는 이런 이름이 필요하다. 사주 구조에서 양수가 많으면 지식적인 것을 엄청나게 추구한다. 그래서 학력이나 교육 수준을 따지는 성향이 있다. 그래서 어떤 이름의 에너지를 부여할 때 그냥 에너지를 부여하지 말고, 어떠한 원칙과 명확한 기준을 가지고 부여해야 한다.

수기의 계획과 지식의 에너지가 더 확장된 의미로는 배움과 성숙이 있다. 배움과 성숙이 상징하는 에너지는 지식을 추구하고 연구와 학업에 해당하는 것으로, 학자적인 직업군이나 교육자에게 요구되는 에너지이기도 하다. 계획을 수립하고 전략을 세우고, 새로운 일을 완성하는 기획 분야에서 일하고 있다면 선천적으로 수기의 에너지를 타고난 사람들이 유리하게 일을 해낼 수 있을 것이다. 반면 그런 분야에서 일하고 있지만, 상대적으로 그러한 에너지가 부족한 사람이라고 하더라도 이름을 통해 부족한 에너지를 보완한다면 좋은 결과를 이루어 낼 수 있을 것이다.

작명할 때는 해당하는 글자가 오행적으로 어떠한 에너지의 방향성을 담고 있는지 확인해야 한다. 글자가 가진 에너지가 성장의 방향인지, 확장의 방향인지, 개척의 방향인지 등을 확인할 수 있다. 다음에는 그 사람의 직업이나 앞으로 운세, 하는 일, 사회관계 등을 두루두루 살펴야 한다. 필요한 에너지가 통제력일 수도, 절제력일 수도, 확장력일 수도, 성장력일 수도 있기 때문이다. 작명하려는 사람에게 필요한 에너지가 무엇인지를 찾아내는 것이 중요하다. 이처럼 어떤 사람에게 어떤 에너지가 필요한지를 찾아내기 위해서는 무엇보다 선천적 기준이 명확해야 한다. 그렇지 않으면 기준 없는 작명이 되기 쉽다.

특정한 글자나 특정한 모양을 가지고 있는 글자는 해당하는 에너지를 가지고 있다. 그래서 글자의 파동에너지와 상징의 의미를 이해한 상태에서 이름을 찾아내는 것이 핵심이다.

또한, 이름을 지을 때는 명확한 기준을 적용하는 것도 중요하지만, 이름을 받는 사람에게 이름을 짓게 된 기준을 분명하고 명확하게 설명해 주는 것도 매우 중요한 일이다. 그럴 때 이름을 받는 사람이 자신의 이름이 가진 에너지를 제대로 이해하고 받아들일 수 있기 때문이다. 당사자가 자신의 이름에 대한 의미를 제대로 알고 있을 때 그 이름의 가치를 실현하는 능력도 더욱 확고해진다.

좋은 이름을 찾아낼 때 고려해야 할 요소들

이름을 찾아낼 때는 각각의 파동에너지가 상징하는 것과 내담자가 원하는 것을 함께 고려해야 한다. 목기는 도전과 경쟁을 상징하고, 화기는 발전과 개발을 상징하고, 토기는 교류와 조율을 상징하고, 금기는 원칙과 규칙을, 수기는 배움과 성숙을 상징한다는 것을 이야기했다. 이러한 파동에너지의 상징을 이해하고 난 뒤에는 내담자에게 필요한 에너지가 무엇인가를 찾아내는 것이 중요하다. **필요한 에너지를 찾아내는 데 있어 고려해야 하는 것 중에 개인 운세의 변화, 직업, 이상적인 꿈 등도 있다. 내담자가 하고자 하는 일들을 충분히 이해하기 위**

해서는 내담자와의 상담의 과정도 중요하게 다루어져야 한다. 내담자가 하고자 하는 일과 추구하는 방향에 부합하는 이름일 때 가장 이상적인 작명이 될 것이다.

어떠한 이름을 정했을 때 어떠한 기준 혹은 개념적 틀을 통해서 이름을 지었는가가 명확해야 한다. 내담자가 '왜 그 이름을 지었나요?'라고 물어봤을 때 그것에 대해 충분히 설명해 줄 수 있어야 한다. 그래서 지은 이름을 설명해 줄 때는 성장을 통해 도전과 경쟁에서 이기는 이름이라든지, 경쟁력이 있고 승부욕이 생기는 이름이라든지 등 납득할 수 있는 설명을 해 주어야 한다. 만약 충분한 설명이 부족한 상태에서 덜렁 이름만 준다면 내담자에게 그 이름에 대한 자부심이나 긍정적인 마인드가 생기기 어렵다.

내담자에게 이름을 알려 줄 때는 그 이름에 담긴 에너지를 충분히 납득할 수 있도록 설명해 주어야 한다. 어떤 사람이 연예인처럼 반짝반짝 빛나고 싶고, 사람들에게 자신을 알리고 싶고, 대외적으로 자신에 대해 홍보를 하고자 하며, 뭔가 추진하고 확장해 나가는 걸 원한다면 '발전과 개발'에 해당하는 이름을 지어야 한다. 그리고 이름에 자신이 원하는 에너지가 있다는 것을 충분히 이해시키고, 그러한 에너지를 실현하고 발전시켜 나갈 수 있도록 설명해 주어야 한다. 스스로가 이름에 담긴 에너지를 발전시키고 개발시켜 나갈 수 있다는 것을 알게 하는 것도 작명자의 중요한 역할이라고 할 수 있다.

이름을 지을 때 무엇보다 중요한 것은 작명자의 주관적인 관점이 아니라 내담자가 그 기준이 되어야 한다. 작명자의 역할은 내담자의 에너지를 기준으로 그 사람에게 걸맞은 에너지가 무엇인지 찾아내는 것이다. 내담자의 사주 에너지를 확인하고 에너지의 균형을 이루게 하는 이름을 찾아내는 것이 작명의 핵심이다. 내담자의 에너지가 기준이 되지 않은 채 단순히 이름이 예뻐서, 혹은 부르기 좋아서 등 주관적인 판단으로 이름을 지어서는 안 된다. 또한, 다른 사람들에게 좋게 보이고, 사회적으로 좋아 보이는 것을 막연히 추구하는 것도 바람직하지 않다. 모든 기준은 내담자의 에너지, 내담자가 추구하는 것들, 원하는 것들이 되어야 한다.

　이름은 특정한 시기에만 중요하게 사용하는 것이 아니라 평생에 걸쳐 사용하므로 유연성 있게 지을 필요도 있다. 옛날 신분제 사회에서는 양반이나 중인, 상인으로 결정되면 평생 하는 일이 크게 변하지 않는다. 그러나 지금 사회는 자기 계발이나 교육을 통해 얼마든지 자신이 원하는 일을 할 수 있고, 다양한 일을 해야 할 수도 있다. 또한, 평생을 살아가면서 운세의 흐름에 따라서 원하는 일이 변화되기도 한다. 그러므로 특정한 에너지 위주로 혹은 특정한 시기나 특정한 일에만 맞출 것이 아니라 좀 더 포괄적인 관점으로 유연하게 접근하는 것도 필요하다.

2장
파동(波動)에너지의 흐름과 순환

　파동에너지가 상징하는 것을 흐름의 관점에서 그 통합적 의미를 이해하는 것도 이름을 짓는 데 있어 매우 중요한 요소가 된다.

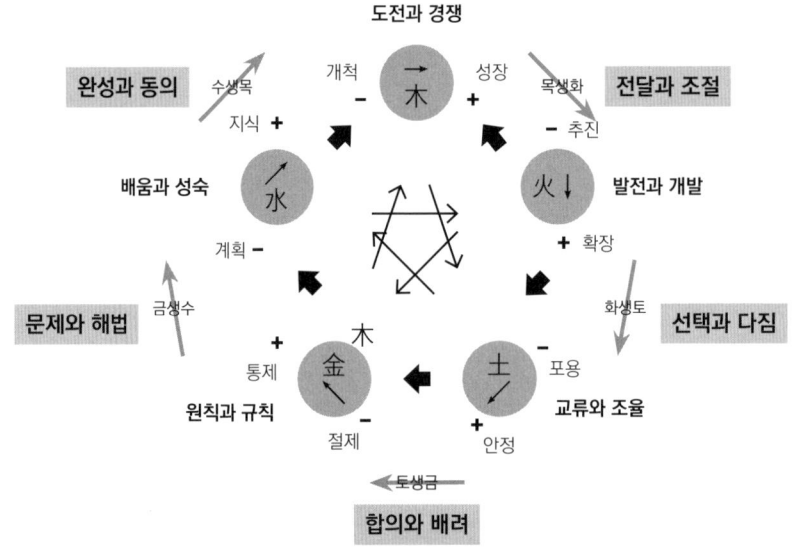

그림2. 파동에너지의 흐름과 순환

　목생화의 이름은 '전달과 조절'을 상징한다. 통합적으로 봤을 때, 뭔가를 전달하거나 조절하거나 컨트롤하는 것을 필요로 할 때 사용하는 이름이다.
　화생토의 이름은 '선택과 다짐'을 상징하며 뭔가를 꾸준히 하고 끝까지 이루어내는 이름이다. 그다음에 토생금의 이름은 '합의와 배려'를 상징한다. 화생토의 에너지가 너무 많은데 화생토의 에너지를 이름을 지어 버리면 늘 합의하고 늘 배려해 버리기 쉽다. 소위 '좋은 게 좋은 거지' 하면서 그냥 흘러가는 걸 의미한다. 이러한 작명은 해당하는 사람에게 악영향을 주게 된다.

기본적인 사주 구조에서 토생금의 에너지가 부족한 경우에는 이름을 통해 그 에너지를 부여하게 되면 합의와 배려의 심리가 발휘되어 도움이 될 수 있다. 그러나 기본적으로 합의와 배려의 심리가 충분히 있는 사람에게 이름까지 그런 에너지를 부여하게 되면 오히려 지나친 합의와 배려를 통해 답답하게 되는 구조가 나올 수 있다.

금생수가 강한 사람들은 '문제 제시와 해법'으로 해결하려고 하는 기질이 많다. 그래서 문제가 생기면 먼저 해결하려고만 한다. 뭔가 상황을 살피는 게 아니라, 빨리 해결해야 한다는 생각만을 하는 경향이 있다. 그래서 어떤 일이 터지거나 어떤 이슈가 발생했을 때 '저건 문제가 뭐지?', '어떻게 문제를 해결하지?'라는 생각만 가득하다.

특히 금수가 강한 사람은 문제 제시와 해결에 관심이 집중된 경우가 많다. 그런 사람에게 또 그런 이름을 통해 그 에너지가 강하게 들어가게 하면 안 된다. 그때는 오히려 '전달과 조절'을 할 수 있는 이름으로 바꾸어주는 것이 좋다. 반대쪽의 에너지로 조절을 할 수 있도록 하는 것이 필요하다. 다음으로, 수생목은 '완성과 동의'를 상징한다. 무엇이든 빨리 완성하고 싶어 하고, 사람들로부터 동의를 구하고 싶어 한다. 그래서 '나 잘했지?', '이 정도 하면 어때요?' 이런 말을 잘한다.

자신이 가지고 있는 에너지 중에 특정한 에너지가 없다고 해서 실망할 필요는 없다. 상대방이 가지고 있는 에너지가 좋아 보여 부러워할 필요도 없다. 가지고 있는 에너지를 어떻게 잘 쓰느냐가 중요하다. 그래서 자신의 에너지를 잘 쓰는 것을 빨리 습득해서 사용하는 것이 가장 좋다.

사주 에너지의 흐름에 대한 질의와 응답

❓ 질문 1.

황민경 "저는 화기와 금기가 강한 에너지 구조입니다. 그런데 저는 주로 완성과 동의의 방향으로 에너지를 쓰는 것 같은데 다른 사람이 보기에는 어떨지 궁금합니다."

제가 보는 관점에서는 문제와 해결 쪽으로 쓰는 것으로 보입니다. 저한테 공부하러 왔을 때도 특정 문제에 대해 '내가 이게 안 되는 게 문제인데요. 이걸 어떻게 해결할까요?' 이런 말을 많이 하십니다. 주로 쓰는 말에서 해당하는 에너지의 생각을 많이 하는 게 보입니다. 자신이 생각하는 방향은 완성과 동의를 구하는 쪽으로 가겠죠. 왜냐하면, 그러한 방향으로 에너지가 흐르고 있기 때문입니다. 문제와 해결을 통해서 완성과 동의로 넘어가려고 하는 거죠. 그리고 지금 사용하는 '민경'이라는 이름은 이미 완성과 동의로 에너지가 흐르게 하는 이름이에요. 이미 해당 방향으로 흘러가고 있습니다.

❓ 질문 2.

남궁선아 "저는 목생화가 강한 사주 구조입니다. 그래서 빨리 전달하고, 빨리 조율하고 조절해서 추진하면서 확장하는 쪽으로 에너지를 쓰고 있습니다. 앞으로 어떤 방향으로 에너지를 사용하면 좋을까요?"

지금 '선아'라는 이름은 '합의와 배려를 하라', 그러니까 빨리 너무 급하게 추진하는 것이 사람들한테는 좀 부담스러울 수 있기 때문에 그 이름을 통해서 조금 합의하고 배려해야 일이 안정적으로 진행이 되기에, 절제된 상태로 완성도를 높이는 쪽으로 가는 게 좋습니다.

본인은 좀 자각을 하셨을 거라고 생각을 하는데, 본인이 다른 사람들에 비해서 속도가 빠른 것은 알고 계실 겁니다. 엄청 빠르고 급합니다. 그래서 다른 사람들은 따라가는데 힘들 수 있다는 거죠. 그러니까 합의를 좀 하시고, 배려해서 조금은 느긋하게 행하시면 되겠습니다.

❓ 질문 3.

김다경 "저는 토기가 강한 사주 구조입니다. 그래서 늘 합의와 배려를 하는 것 같습니다. 제가 앞으로 무엇을 더 고려하면 좋을까요?"

늘 합의하고 배려하시죠. 이제는 전달하고 조절하셔야 합니다. 선생님은 약 1년 뒤에 갑자대운(甲子大運)이 들어옵니다. 그리고 앞으로 30년간 수대운(水大運)이 들어옵니다. 지금 선생님이 개명하신 이름인 '다경'에는 목기와 화기의 에너지가 들어가 있습니다. 부족한 수기는 앞으로의 대운에서 채워집니다. 현재 이름은 운세의 흐름을 고려해서 대운을 준비하는 이름이기도 합니다. 따라서 부족한 부분을 어떻게 채울 것인가를 고민할 때, 성향뿐만 아니라 운세의 흐름도 고려해야 합니다.

❓ 질문 4.

강병구 "저는 화기가 강성한 사주 구조입니다. 저의 성향은 전달과 조절 쪽이 아닌가 하는 생각이 들지만 제가 어떤 성향인지 사실은 잘 모르겠습니다."

늘 뭔가를 다짐하고, 뭔가를 확실히 해야겠다는 말을 하지 않으십니까? 제가 이렇게 강의하면서 후기를 계속 말하라고 할 때 '제가 앞으로 더 잘 해야겠다는 생각이 들었습니다.' 이런 얘기를 잘 하십니다. 그게 바로 선택과 다짐입니다. 그래서 본인이 가지고 있는 본질적인 에너지는 화생토의 에너지가 강한 구조입니다. 그래서 전달과 조절이라는 에너지도 있지만 선택과 다짐의 에너지도 있으신 겁니다. 그렇다면 반대 에너지는 뭘까요? 문제 해법을 제시하고, 문제를 해결하고, 그다음에 완성과 동의를 구하는 에너지입니다. 그런 쪽의 이름으로 바꾸셔야 하겠죠? 그럼 밸런스가 맞아지면서 일이 좀 잘 풀리는 구조가 나옵니다. 제가 에너지 분석을 해 보면 정말 금생수, 수생목이 안 되는 것이 보입니다. 그래서 그걸 운세와 더불어서 잘 확인하시면 되겠습니다.

❓ 질문 5.

박소현 "저는 목기가 강성한 사주 구조입니다. 제가 보완해야 하는 것이 있다면 무엇이 있을까요?"

도전과 경쟁 그리고 늘 배우러 다니시고, 그걸 완성하려고 하는 모습을 볼 수 있습니다. 이제는 반대로 가셔야 합니다. 어떤 선택과 다짐, 그다음에 합의와 배려를 통해서 그것을 통합적으로 운영하는 방향으로 이름을 부여하면 참 좋겠습니다. 이처럼 자기가 가지고 있는 에너지가 어느 쪽인지가 나옵니다. 그래서 '도윤'이라는 호(號)는 화생토의 에너지입니다. 이미 '소현'이라는 합의와 배려의 이름이 있으니까 선택과 다짐의 에너지가 필요하다는 거죠. 하나를 잡고 끝까지 밀고 나가는 것이 필요합니다. 그래서 이번에 선택과 다짐을 하셨습니다. 원래 월요일에 한국무용 배우러 가야 하는데 선천체질심리상담학 공부하러 오는 것을 선택하고 다짐을 하셨습니다. 그렇게 에너지는 흘러가는 겁니다.

❓ 질문 6.

정선하 "저는 금기와 수기가 강성한 사주 구조입니다. 그래서 주로 문제와 해결의 성향인 것 같습니다."

그럼 어떻게 해야 할까요? 지금은 개명을 통해 '규림'이라는 이름을 쓰고 있습니다. 도전과 경쟁, 전달과 조절, 발전과 개발을 상징하는 이름입니다. 이제는 기존과 다르게 그런 에너지가 나오는지 자신이 스스로 알고 계십니다. 그래서 이름에 대한 가치를 스스로 판단할 수 있어야 합니다. 마음가짐이 이름을 더욱 빛나게 합니다.

> ❓ **질문 7.**
>
> 전서윤 "저는 목기와 화기가 강성한 사주 구조입니다. 그래서 합의와 배려를 하는 것 같습니다. 부족한 에너지를 어떻게 보완할 수 있을까요?"
>
> 지금 사용하는 '서윤'이라는 이름도 결국에는 합의와 배려 쪽입니다. 나중에 이 공부가 끝나고 나면 선택과 다짐을 위한 에너지를 보강하는 쪽으로 호를 짓는 것도 도움이 되겠습니다.

이름을 어떻게 전달할까?

이름에는 한 사람의 삶의 방향성이 담기기도 한다. 이름에 담긴 에너지의 방향을 이해하고, 그 에너지를 제대로 사용하고자 노력할 때 이름의 진가는 발휘될 수 있다. 그래서 누군가에게 이름을 지어 줄 때 그 사람의 이름을 어떤 방식으로 지어 주는 것이 그 사람에게 윤택하고 좋은 방향성을 갖게 해줄 것인가에 대해 깊이 고민해야 한다. 그리고 그 이름을 당사자에게 어떻게 설명할 때 제대로 그 가치를 전달할 수 있을 것인가에 대해서도 생각해야 한다. 그저 이름을 지어 주면서 '좋은 이름이에요.', '돈 버는 이름이에요.', '잘 나가는 이름이에요.'라는 식으로 말을 해서는 얄팍하게 들릴 수 있다.

지은 이름을 전달할 때는 내담자 스스로 이름에 대한 가치를 납득하도록 충분히 설명해 주어야 한다. 예를 들어 '포용과 안정을 추구하고 교류와 조율을 하는 힘이 너무 약해서 그 힘을 키우기 위해서 지었습니다. 그래서 어떤 면에서는 급하게 뭔가를 완성하거나 동의를 구하고 하는 것들을 좀 조절해서 사회적으로 봤을 때 좀 더 교류와 조율이 잘 될 수 있도록 하고, 독불장군으로 나가지 않고 교류를 잘할 수 있도록 한 이름입니다.'라고 설명해 줄 수 있다. 그래서 이름에 대해 말해 줄 때 명확하게 포인트를 찾아서 설명해 줄 필요가 있다. 타고난 에너지 흐름이나 구조가 어떻게 되어 있는지를 조금 살펴서 그 구조에 부합되는 설명과 그다음에 왜 그렇게 지었는지에 대한 설명을 명확히 해 줄 필요가 있다.

  이름을 작명하는 것은 노력과 정성을 들여야 하고, 그래야 빛나고 좋은 이름이 만들어진다. 필자도 오랫동안 작명을 해 왔지만, 할 때마다 고민을 많이 한다. 왜냐하면, 이름에 그 사람의 운명이 달렸다는 것을 알기 때문이다. 하루 이틀 쓰는 게 아니라 평생 죽을 때까지 쓰는 게 이름이기 때문에, 그런 **이름을 단 하루 만에, 또는 몇 시간 만에 작명한다는 것은 있을 수 없는 일이다.** 상담할 때도 정성 어린 상담과 그렇지 않은 상담은 내담자가 모르지 않는다. 단순히 돈을 벌기 위한 수단으로 하는 것인지 아닌지, 내담자도 쉽게 알아차릴 수 있다. 이런 경우에 내담자가 상담을 받은 이후에 다른 사람에게 감동적인 소개를 하지도 않는다. 그런 상담은 일회성으로 끝나 버리기 일쑤다.

  그래서 정성을 다해서 이름을 짓고, 설명해 줄 때도 정확하고 명확하게 설명해 주어야 하고, 어떠한 문서를 통해서도 왜 이름을 그렇게 지었는가에 대해 정확하게 전달할 수 있는 어떤 퍼포먼스가 필요하다. 그렇게 할 때 그 이후에 부가적인 상담이나 컨설팅으로도 연결될 수도 있다. 그래서 작명료 받으면서 이름만 달랑 지어 주고 끝나는 사람은 정성이 부족한 사람들이라고 할 수 있다. 그런 경우 아무리 이름을 잘 짓는다고 하더라도 연속성을 가질 수 없고, 상대방이 자신이 받은 이름에 대한 소중함을 충분히 느끼지도 못한다. 그래서 **작명 하는 것은 얼마짜리의 이름이라고 생각할 게 아니다. 돈과는 상관없이 신중하고, 정확하고, 또 정성스럽게 지어 준 이름이라고 말할 수 있어야 진짜 작명이다.**

  작명은 어떻게 보면 한 사람의 인생을 책임져야 하는 부분이기도 하다. 잘못하면 죄를 짓는 일이 될 수도 있다. 이름을 잘못 지으면 그 사람의 인생을 망칠 수도 있는 문제가 생길 수도 있기 때문이다. 그렇기 때문에 이름을 지을 때는 사랑하는 가족의 이름을 짓는다고 생각하거나 자신이 존경하는 분의 이름을 짓는다는 마인드로 정성스럽게 지어야 한다. 그리고 설명을 할 때도 끝까지 정성을 다해서 해야 한다.

3장
파동에너지의 운용과 관리

이름이 가지고 있는 영향력은 장부와도 연결되어 있다. 모든 **에너지는 몸에서부터 출발했고, 그 몸에 있는 모든 에너지가 표출되는 것이 자연의 법칙이다.** 따라서 에너지의 근원은 다른 데 있는 것이 아니라 결국 몸의 에너지에 의해서 지탱되고 있다는 것이다. 그 에너지를 만들어 내는 것은 음식을 섭취하는 것을 통해 가능하다. 결국은 음식을 먹음으로 인해서 에너지가 생기고, 그 에너지로 인해 장부의 에너지가 순환하고, 그 순환 속에서 심리와 행동, 마음의 상태가 변화되는 것이다. 그래서 이름이 장부에 미치는 영향을 살펴보면, 이름은 단순히 불리는 것에 그치는 것이 아니라 해당 장부나 마음, 신체에 영향을 준다는 것을 알 수 있다.

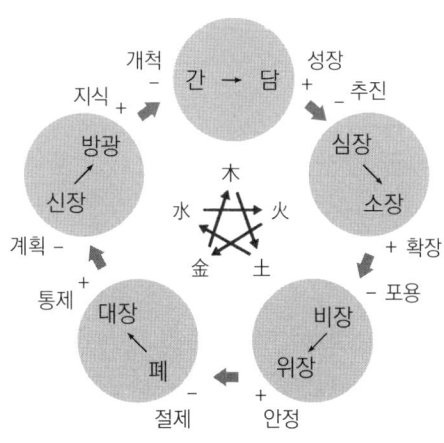

그림3. 파동에너지와 장부의 상징

강한 장부에너지의 관리

도전과 경쟁, 개척과 성장은 간과 담의 에너지가 발현되는 것이다. 간(肝)과 담(膽)이 약한 사람은 그 에너지를 받아야만 기능이 좋아진다는 얘기도 된다. 간과 담에 미치는 에너지의 영향은 반드시 음식 섭취나 해당하는 이름을 통해서만 발생하는 것만은 아니다. 어떤 생활환경이나 처한 상황에서도 에너지의 영향을 받을 수 있다. 예를 들어, 추운 공간, 따뜻한 공간, 서늘한 공간, 바람이 많이 부는 공간, 비가 오는 공간, 습한 공간 등 공간에 따라서 그 에너지가 작동한다는 것을 의미한다. 예를 들자면 습한 공간에서 늘 살아야 하는 사람은 습한 에너지를 계속해서 받기 때문에 그 습을 제거하는 이름을 가지는 게 좋다. 건조한 공간에서 사는 사람은 계속해서 건조한 에너지를 받기 때문에 그 건조함을 해결하는 이름을 가지는 것이 좋다. 그래서 어디에 거주하는가, 어떤 일을 하느냐, 어떠한 에너지를 계속 접하고 있느냐도 이름을 지을 때 고려를 해야 한다. 물론, 환경의 영향보다 선천에너지를 먼저 고려해야 하지만, 어떤 환경에 노출되어 있는가도 중요하게 고려해야 하는 요소이다.

이처럼 이름을 지을 때는 어떠한 일을 하느냐도 중요하게 고려해야 한다. 목기는 솟아오르는 에너지, 성장하는 에너지를 갖고 있다. 또한, 바람의 영향도 갖고 있기도 하다. 그래서 목기는 바람을 상징하기도 한다. 만약 어떤 사람이 늘 바람을 맞는 곳에서, 바깥에서 바람을 맞으면서 일을 하고 있다면 목기의 이름은 별로 좋지 않다. 혹은 매일 태양 볕 아래에서 일하면서 열을 많이 받는 사람이라면 심장과 소장의 영향력을 굉장히 많이 받는 상황이다. 거기에 이름까지 심장과 소장의 에너지에 영향을 주는 이름을 짓는다면 바람직하지 않다. 어떤 사람에게 어떤 이름을 지어 준다는 것은 마치 어떤 환경에 취해져 있느냐를 보는 것과 똑같다.

매일 공부하고, 계획을 세우고, 지식을 추구하는 사람이라면 그런 에너지를 쓰는 것에 장시간 노출이 되어 해당하는 장부가 힘들 수 있다. 해당하는 장부에서 그 에너지를 소모적으로 많이 쓰고 있기 때문이다. 그러니 그 소모적인 에너지를 보강하기 위해서 어떻게 할 것인가에 대해 고민을 해야 한다. 만약 화생토의 에너지를 쓰는 사람들, 즉 육체적인 힘을 많이 쓰는 사람들, 예를 들어 공사장 노동자나 스포츠 선수들은 화생토가 잘 되는 것이 좋다. 그럴 경우, 그 사람이 가진 에너지가 화생토가 강하다면 이름까지 화생토의 이름을 짓는 것이 맞을지 아닐지에 대해 고민을 해야 한다.

어떤 사람이 자신이 타고난 에너지를 과다하게 소모하고 있으면 해당하는 에너지를 더 과잉되게 줘도 큰 문제는 생기지 않는다. 야구 선수 중에 박찬호 선수가 있다. 만약 그 사람의 타고난 에너지가 목기가 강하다면, 늘 경쟁해야 하는 스포츠 선수로 생활을 하다 보면 목기가 더 강해진다. 그럴 경우는 목기의 이름이라도 별로 문제가 생기지 않다. 왜냐하면, 스포츠를 통해서 매일 같이 목기를 소모하고 있기 때문이다.

그러나 에너지가 정체되고 머무르는 상태에서는 문제가 생길 수 있다. 에너지를 쓰지 않는 상태에는 에너지도 정체가 되고, 장부에서도 에너지가 정체되고, 울체되어 있다. 그러면 음증(陰症)이든 양증(陽症)이든 둘 중 하나는 문제가 생길 수 있다. 양증은 자신의 에너지를 소모적으로 너무 많이 써서 문제가 생기는 것이고, 음증은 사용하지 않아서 정체되어서 오는 증상이다. 따라서 어떤 일을 하고 있느냐, 직업이 무엇이냐에 따라서 그 이름도 부합이 되어야 한다는 말이다. 예를 들어서 원래 금수의 에너지가 강한 사람이 있다고 할 때, 그 사람은 통제하고, 절제하고, 계획하고, 지식적인 걸 추구하는 에너지를 사용한다. 그렇게 금수의 에너지가 강한 사람의 직업적 일이 금수의 에너지와 관련된 일이라면 그 사람은 효과적으로 일을 해낼 수 있고, 일의 성취도가 높아서 주변으로부터 인정도 쉽게 받을 수 있게 된다. 금수의 에너지가 강하지만 일을 통해서 에너지를 소모하고 있을 때는 문제가 생기지 않는다. 그러나 금수의 에너지를 쏟아 낼 수 있는 일을 하지 못했을 때는, 일을 그만두고 다른 일을 한다든지, 아니면 놀고 있다든지, 가만히 있다거나 전혀 그 일을 하지 않는다고 했을 때는 금수에너지의 정체로 인한 문제가 생길 수 있다.

 강한 에너지를 소모할 수 있는 일을 하지 못하고 있을 때는 에너지의 정체 현상이 일어나므로 이때는 이름을 통해 그 에너지를 조절할 수 있다. 금기가 정체되면 심리적으로 어떤 현상이 일어날까? 자아비판이 심해진다. '내가 왜 이럴까? 예전에는 안 그랬는데.'라는 생각을 하기 쉽다. 그리고 수기가 많아지면 어떻게 될까? 계속 생각이 돌아간다. 그래서 잠을 잘 자지 못하고, 불면증에 걸리고 우울해지기도 한다. 그러나 그 에너지를 소모할 수 있는 일을 하고 있을 때는 그런 현상이 잘 일어나지 않는다. 그럼 목기는 어떨까? 목기의 에너지는 도전하고 개척하고, 경쟁하면서 성장하길 원한다. 그런데 그렇게 하지 않는 상황에서 계속 있게 되면 답답해서 미칠 지경이 된다. 정서불안처럼 뭔가 불안해지게 되기 쉽다. 그럴 때 이름을 바꿔 놓으면 좀 덜해진다는 거다. 과잉된 에너지를 다른 쪽으로 해소하기 때문에 균형이 맞춰진다는 얘기다. 그래서 지금 하고 있는 일과 이름을 에너지의 흐름의 관점에서 볼 수 있어야 한다.
 이름을 통해 정체된 에너지를 풀어낼 수 있다면 에너지가 조율될 수 있다. 토기가 강한 사람이 일을 통해서 사람들과 교류하고 조율하는 일을 하고 있다면 토기와 관련된 문제가 잘 드러나지 않는다. 그러나 그렇게 사람과 교류하던 일을 그만두고 나면 답답함이 밀려오기 시작한다. 쉬어야 하는데도 누군가를 만나러 가야 할 것 같은 생각이 들고, 누군가를 만나서 교류해야 할 것 같은 마음이 생긴다. 그런 현상들이 토기가 정체되면서 오는 증상이다. 그때는 금기의 이름을 통해 토기의 정체를 풀어낼 수 있다.

강성한 에너지의 관리에 대한 질의응답

질문 1.

강병구 "저는 회사에 다니고 있습니다. 주로 현장 쪽에서 안전기사 일을 하고 있고, 그래서 현장에 있는 경우가 많습니다. 휴일에 집에서 쉬는 경우가 있지 않습니까? 이럴 때도 그냥 집에 있는 게 좀 안 돼요. 밖으로 좀 나가야 하고, 집에 있으면 답답한 느낌을 많이 느낍니다. 뭔가를 해야 한다는 생각은 드는데 그게 무엇인지 뚜렷하게 보이는 건 없는 것 같아요. 그냥 주어진 일에 신경을 많이 쓰고 있는 것 같습니다. 왜 그런지 궁금합니다."

지금 말씀하시는 걸 전체적으로 들어 보면, 그게 안 되면 어떤 일이든 선택해서 준비를 통해서 조절하고 불안함을 감소시키고자 하는 것, 사전에 일에 대한 준비가 되지 않으면 불안한 거예요. 이런 지나친 에너지를 조절하기 위한 작명이 필요하다고 봅니다. 현재 이름에서 "구"자는 행동하게 하고 무엇이든 하지 않으면 불안감을 줄 수 있는 이름입니다. 좀 더 안정을 주는 이름을 작명하는 것이 좋습니다.

질문 2.

저는 청소년 진로 쪽에 있다 보니 아이들한테 지식 전달을 하고 아이들하고 계속 어떤 활동을 했었습니다. 현장 체험이나 이런 것들을 많이 다녔죠. 그러나 일을 그만둔 뒤로 몸이 굉장히 안 좋아지기도 했어요. 지금은 해당하는 일을 안 하고 있거든요.

자신의 에너지를 충분히 쓸 때는 오히려 건강했을 거예요. 굉장히 역동적이었죠. 그런데 이제 그 일을 그만두면서 에너지 소모를 하지 못하니까 다른 쪽에서 문제가 터져 나왔던 거예요. 일하던 사람이 못하면 병이 온다는 말이 있죠? 앞으로 자신이 하고자 하는 일에 대하여 공부 열심히 하시고 해당 분야에서 열심히 활동하셔서 본인의 에너지를 충분히 해소하시는 방향으로 가시면 좋아지게 됩니다.

질문 3.

저는 뭔가 결정해서 추진할 목표가 없으면 힘들다고 느낍니다. 사람을 만날 때 뭔가 목적 없이 만나는 게 시간이 아깝게 느껴지고, 어떤 의미가 있어야 하는데 그렇지 않으면 뒤돌아서서 굉장히 허무하게 느낍니다.

금기와 화기가 강해서 원칙과 규칙을 지키려는 성향이 대단하시죠. 그리고 발전과 개발도 굉장히 필요한 성향입니다. 어디든 가더라도 무엇인가 배움이 있어야 하고, 내가 경험을 해야 하는 강박관념이 있습니다. 물론 해당 에너지를 충분히 쓰고 있을 때는 문제를 느끼지 못합니다. 그러나 그 에너지를 쓰지 못하고 해소가 안 됐을 때는 뭔가 아쉬움도 남고 불안감도 생기면서, 무엇이든 해야 하지 않을까 하는 물음이 계속 생기는 상태가 벌어지는 겁니다. 따라서 자신의 에너지를 어떻게 조절할 것이냐 하는 것도 이름을 통해 조절할 수 있다는 겁니다.

질문 4.

저는 목화 위주로 불모지 가서 개척하고, 살리고, 이동하는 걸 계속해 왔습니다. 저는 그런 게 별로 안 힘들더라고요. 아무것도 없는 데서 뭔가를 만드는 것을 힘들어하지 않는 타입이 아니었고, 또 싫증을 잘 내고, 새로운 걸 워낙 좋아해서 되게 잘 배웠습니다. 아킬레스건이라고 한다면 아까 교수님이 너무 정확하게 말씀하셨는데, 저보다 일의 속도가 늦은 사람에 대해서 포용이 잘 안 되고, 항상 속마음이 너무 드러나는 스타일이었습니다. '최단 거리가 있는데 왜 저렇게 돌아가지?'라는 생각을 많이 합니다. 뭔가 대화 속에서 반복되는 얘기나 필요 없는 얘기가 있으면 저는 벌써 안색이 바뀌어요. 시간이 너무 아까운 거예요. 시간을 생산적으로, 효율적으로 보내야 한다는 생각이 좀 강합니다. 또, 그런 만남을 추구하는데 그게 좀 문제입니다. 이제는 포용하는 에너지를 써야 하는 환경에 처해 있고, 하는 일이 개척하는 형태는 아니라서 사람들하고 좀 느긋하게 하려고 하고 있습니다.

> 자신이 어떤 에너지를 쓰고 있는지 자각하는 것은 쉽지 않습니다. 선생님은 스스로를 그렇게 자각을 하셨으니 해당 방향으로 에너지를 쓰시면 되겠습니다. 자신의 심리가 어느 방향으로 흐르고 있는지, 자신의 이름이 영향을 주고 있는지 아닌지를 스스로 판단해 보는 것이 매우 중요합니다. 스스로를 판단할 수 있을 때 상대방에 대해서도 균형 있는 판단을 할 수 있습니다.

파동에너지를 상징하는 글자

파동에너지를 상징하는 글자를 다음과 같이 분류할 수 있다. 모든 글자를 다 넣은 게 아니라 대표적으로 사용할 수 있는 것들을 예제로 넣은 것이다.

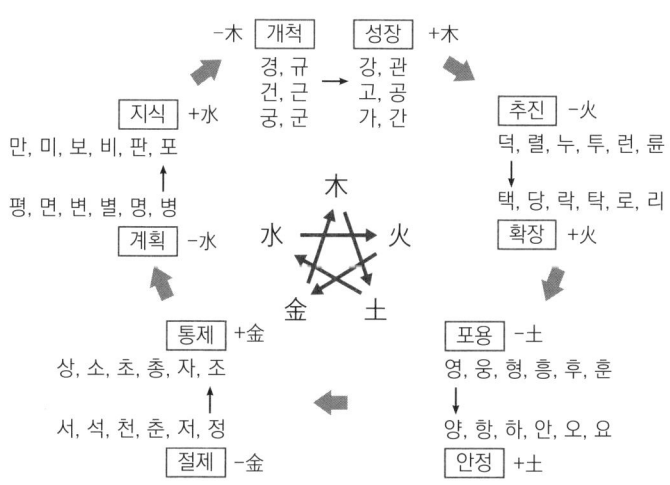

그림4. 파동에너지의 상징 글자

먼저, 개척의 에너지를 가지고 있는 이름들로 '경', '규', '건', '근', '궁', '곤'이 있다. 이런 이름들이 음목을 상징한다는 것을 알 수 있다.

글자와 글자를 조합할 때는 글자의 순서를 어떻게 할 것인가, 혹은 어떻게 조합을 할 것인가에 대해서도 고려를 해야 한다. 예를 들어서 초년 운세와 중년으로 넘어갈 때는 가운데 글자를 많이 사용한다는 말도 있다. 가운데 글자가 그 시기의 삶에 영향을 준다는 의미이다. 그다음에 끝 글자는 50대 이후에 영향을 준다고 말한다. 그러면 가운데 글자를 넣을 때, 어떤 사람은 화기의 글자를 쓰는 사람이 있고, 어떤 사람은 목기의 글자를 쓰는 사람이 있고, 어떤 사람은 토기의 글자를 쓰기도 한다. 문제는 그 글자의 에너지를 어떻게 조절을 할 것인지, 혹은 뒤에다 놓을 건지, 앞에다 놓을 건지를 고려해야 한다. 그러기 위해서는 먼저 운세의 흐름을 확인해야 한다.

파동에너지의 운세적 흐름

운세가 어떻게 흘러가는지를 이해하지 않으면 이름을 어떻게 조합할지에 대해 판단하기가 쉽지 않다. 그래서 해당하는 운세에 적합한 글자가 이름의 가운데 글자에 있는지, 끝의 글자에 있는지 등을 잘 파악해야 한다. 또한 이름에 들어가는 글자 개수가 네 글자인 사람도 있고, 두 글자인 사람도 있다. 이처럼 글자의 개수에 대해서도 고려를 해야 한다.

주변 사람의 이름을 보면서 '왜 그런 이름을 사용했을까'에 대해서 생각해 보는 것도 좋은 공부가 될 수 있다. 예를 들어, 율곡 '이이'는 양토 중의 양토 에너지이다. 안정함을 추구하는 이름이다. 왜 안정을 추구하는 이름을 지었을지에 대해 생각해 볼 수 있다. 바로 불안정함이 있어서 안정함의 이름을 추구했던 거라고 할 수 있다. 다른 예로 퇴계 '이황'도 있다. 똑같이 양한 이름이다. 그런데 당대 학자 중 비슷한 연배의 학자 중에 남명 조식이라는 인물도 있다. '조식'은 통제와 절제의 이름이다. 그분은 통제와 절제가 필요했던 분이었다. 그래서 통제와 절제의 상징인 칼(刀)을 옆구리에 차고 다녔다고 하는데, 스스로 통제와 절제에서 벗어나면 그 칼로 자기를 통제할 수 있도록 마치 은장도처럼 가지고 다녔다는 이야기가 전해져 온다. 이런 걸 보면 우리가 누구나 약점이 있고, 누구에게나 아킬레스건이라고 할 수 있는 부족한 부분이 있을 수 있다. 이처럼 이름이 그 부족한 부분을 보완하는 것으로 사용한 것임을 유추해 볼 수 있다.

　선천적인 에너지를 잘 알려주는 사주팔자를 통해 이름의 파동에너지를 볼 때는 운세의 흐름 속에서 변화를 볼 수 있는 안목을 가져야 한다. 운세의 흐름이 그 사람의 이름과 유리하게 작용을 할 것인지, 아니면 불리하게 작용을 할 것인지를 볼 수 있어야 한다. 그러면 올해 임인년(壬寅年)에서 자신은 어떠한 영향을 받는지에 대해 따져 볼 수 있다. 그래야만 유리할 때는 어떻게 해야 하고, 불리할 때는 어떻게 해야 하는지 알 수가 있다. 유리할 때는 충분히 이용하면 된다. 불리할 때는 일을 벌이고 확장하고 추진하는 것들은 좀 자제하는 것이 좋다. 그러지 않으면 오히려 자신에게 불리한 일이 생길 수 있기 때문이다.

　이처럼 어떠한 시기(時機)에 따라 유리한가, 또는 불리한가는 개인의 에너지에 따라 차이가 있을 수 있다. 올해 임인년은 모두 양(陽)의 글자가 있는 해이다. 음(陰)이 많은 글자가 있는 사람에게는 양의 글자가 많은 해가 유리하게 작용할 수 있다. 필자는 원래 음팔통이기 때문에 양의 글자가 없다. 하지만 올해는 필자에게 유리하게 작용하는 해이기도 하다. 반면, 작년 신축년은 음이 강한 해로 필자에게는 에너지적으로 불리한 해였다. 그래서 육체적, 정신적으로 힘든 일이 많이 생기기도 했다.

　대운이나 세운 등 운세의 흐름에 따라 부족한 에너지를 호를 지어서 보완할 수도 있다. 호를 지을 때도 어떠한 에너지를 위주로 하고, 어떠한 에너지는 덧붙여 포함시킬 것인지를 고민해 볼 수 있다. 덧붙여 포함시키는 에너지는 그 사람에게 필요한 에너지를 위주로 받침 글자를 넣어 주는 게 좋다. 올해는 작명을 잘 배워서 자신에게 필요한 에너지를 호를 지어서 불러 보는 것도 좋을 것 같다. 열심히 공부해서 자신에게 맞는 호를 찾아낼 수 있기를 바란다.

파동에너지의 계절의 영향

사람마다 태어난 계절이 있다. 봄, 여름, 가을, 그리고 환절기에 태어난 사람이 있다. 해당하는 계절에 태어난 사람은 그 계절의 파동에너지의 영향을 많이 받는다.

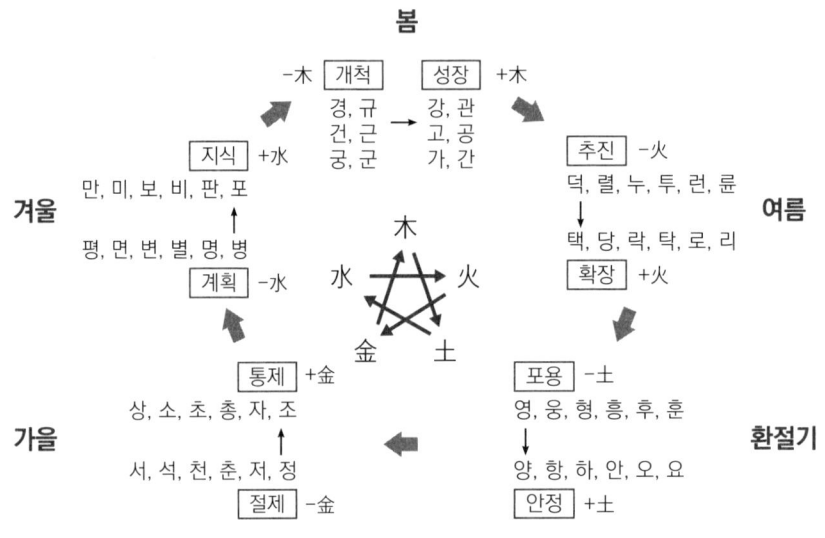

그림5. 파동에너지와 계절

봄의 기운을 가지고 있는 글자와 여름의 기운을 가지고 있는 글자, 가을의 기운, 겨울의 기운이 있는 글자를 생각해 볼 수 있다. 예를 들자면 '태양'이라는 글자는 화생토의 글자이다. 그래서 태양은 땅에 비치는 강렬한 열기라고 생각해 볼 수 있다. '산'이라고 하면 뾰족하게 튀어나오는 양의 글자이다. 금기가 솟아오른 것처럼 솟아오르는 에너지가 있고, 밑에 있는 'ㄴ'은 화의 글자이다. 그래서 산은 솟아올라 있으면서 돌이 있고, 아래에 꽃이 피는 걸 '산'이라고 하는가 하는 생각도 해 볼 수 있다. 어떠한 단어가 그 모양과 에너지와 유사하게 결합이 되어 있는지에 대해 독자 스스로 연구해 보길 바란다.

'황'은 노란색을 의미하고, 양토를 상징한다. '검정'은 왜 검정이라고 할까? '빨강'은 왜 빨강이라고 할까? 에너지적인 부분에서 맞든 안 맞든지 간에 왜 그러한 이름으로 지었는지, 왜 그렇게 불리는가에 대해 한 번쯤은 생각해 볼 필요가 있다.

모든 것은 원칙과 규칙과 상황이라는 게 분명히 존재한다고 생각한다. 우리가 쓰는 한자를 살펴봐도 규칙성이라는 게 분명히 존재한다. 그 규칙성을 어떠한 에너지의 관점으로 볼 것인가에 대해 스스로 생각을 해 보길 바란다.

봄에 태어난 사람의 입장과 여름에 태어난 사람의 입장, 겨울에 태어난 사람의 입장과 가을에 태어난 사람의 입장이 모두 다르다. 예를 들어, 봄에 태어난 사람은 목기가 강하다. 그런데 이름에서도 목기가 많다면 목기가 더 강성하게 된다. 활동 에너지가 엄청나게 세지는 거와 같다. 그런데 여름에 태어났는데 또 이름에서도 화기가 많다면 불의 기운이 엄청나게 세지게 된다. 한쪽으로 더 쏠리게 되는 결과가 된다.

환절기에 태어나서 토의 에너지가 많은데 이름에도 토기가 많은 사람이 있고, 가을에 태어났는데 이름에서도 금기의 에너지가 많다면 에너지가 한쪽으로 지나치게 쏠리게 된다. 그런 사람들은 어떻게 보면 한쪽으로 쏠리는 인생을 살기 쉽다. 이는 다양하면서도 유연한 인생살이를 하는 게 아니라, 굴곡이 많이 생기는 인생을 살게 될 확률이 높다는 걸 의미한다. 왜냐면 에너지가 한쪽으로 쏠리게 되면 자신의 에너지와 상반될 때는 강하게 작동을 하고, 또 자신의 에너지와 비슷한 에너지가 들어왔을 때는 그 에너지로 지나치게 쏠리게 되어 오르락내리락 삶의 굴곡을 많이 탈 수 있기 때문이다.

에너지의 쏠림 현상에 대한 이야기

사람들은 태어날 때 어느 한쪽으로 치우친 에너지를 가지고 태어나는 경우가 있다. 그래서 자신이 타고난 에너지에 따라 삶에서 그 에너지가 고스란히 드러나게 되는 것을 쉽게 볼 수 있다. 만일 어느 한쪽으로 에너지가 쏠려 있으면 삶의 방향도 어느 한쪽으로 쏠리게 된다. 다양한 에너지가 삶에서 어떻게 펼쳐지고 있는지 실제의 이야기를 들어 보자.

① 이야기 1.
저는 화기와 금기로 에너지가 몰려 있습니다. 과도한 열정과 도전으로 무리하게 직업을 바꾸기도 하면서 힘든 시간을 많이 보냈습니다.

지나친 의욕은 결실보다 변화를 추구하기에 마무리가 안 되는 경우가 많습니다. 그래서 열정과 도전의 의미가 퇴색되는 경우가 많습니다. 좀 더 절제된 에너지를 발휘한다면 좋은 삶을 영위하실 수 있습니다.

② 이야기 2.
저는 목화 강성인데 왜 가을, 겨울만 되면 정신이 차려지는지 궁금했습니다. 어렸을 때부터 봄, 여름은 정신이 없고, 가을과 겨울이 되면 또 정신이 돌아오는 게 신기했거든요. 항상 계절에 따라 에너지가 몰려서 힘들었습니다.

자연 속에 동물과 식물이 계절에 따라 반응하듯 사람도 같습니다. 따라서 나의 에너지가 균형이 잡혀 있다면 계절에 따라 반응함도 유연하겠지요. 육체적, 정신적인 관리도 필요하고 환경적인 적합함도 필요합니다. 그 모든 것을 보완하는 것이 좋은 이름이라 여겨집니다.

③ 이야기 3.

저는 화기로 많이 쏠려 있습니다. 그전에는 몰랐었는데 지금 보니까 때에 따라 그렇게 힘들지 않았나 싶습니다. 굉장히 힘들었어요. 늦겨울부터 초봄까지 어떤 면에서는 신체적으로 좀 더 힘들다는 기분을 느끼기도 합니다. 특히 머리가 굉장히 무거워진다는 것을 좀 많이 느꼈었던 것 같아요. 뒷목 부근에서부터 머리쪽으로 올라오는 것들이 불편해지는 걸 많이 느꼈던 것 같습니다.

겨울에서 봄으로 이어지는 것은 수생목입니다. 수생목은 머리를 상징하긴 합니다. 그런데 그때 그 에너지의 그릇이 없다면 머리쪽의 압력이 높아질 수 있습니다. 그게 이름을 바꿔야 하는 이유입니다. 이름을 수생목으로 바꿔 놓으면 조금씩 풀리게 돼 있습니다. 만약 올해 이름을 바꾸면 그 에너지의 그릇이 커지면서 희한하게도 내년부터 해당하는 증상이 안 일어날 것입니다.

④ 이야기 4.

저는 목기로 에너지가 몰려서 이루 말할 수 없이 힘들었습니다. 그래서 이름을 바꾸었어요. 예전 이름은 거의 금이었어요. 그래서 완벽주의자라는 말을 많이 듣고 실있어요.

금기를 그냥 단독적으로 강하게 부여하면 금목상쟁이 일어나기 때문에 강박 관념이 심리적으로 생길 수 있습니다. 본인이 가지고 있는 목기와 이름에서의 금기가 충돌하면 뭔가 완벽하게 해야 한다는 마음과 철저하게 해야 한다는 강박에 시달릴 수 있습니다. 그래서 부드럽고 유연하게 해주는 토기를 사용하여 풀어주는 것이 필요했습니다.

> **⑤ 이야기 5.**
> 저는 목기가 많은데 그래서 봄마다 조금 힘든 것 같아요. 컨디션이 되게 좋았었는데 이번 달 봄이 시작되면서부터 체력이 안 좋아지기 시작했어요.

> 해당 에너지가 지나치다면 조절하는 관리가 필요합니다. 그걸 어떻게 해소할 것인가를 이제부터 배워 나가셔야 합니다. 특히 목기가 강성해지면 토기와 금기가 약화되며 화기의 몰림증상과 수기의 탈진이 가중되어 신체적으로 견디기 힘들어집니다. 해당하는 에너지를 순환하게 하는 이름과 호가 필요합니다.

> **⑥ 이야기 6.**
> 저는 토기와 금기가 강하지만 별로 힘들다는 생각은 안 하고 살았습니다. 그런데 남들이 볼 때는 그렇지 않았나 봐요. '너 되게 힘들게 사는 거야.'라는 말을 많이 들었습니다.

> 왜 그러냐면, 토기가 많은 사람들은 참을성이 많습니다. 힘들지만 힘든지 모르고 사는 거죠. 그게 지나치면 어느 순간 단번에 무너질 수 있습니다. 그래서 조심하셔야 합니다. 할 말은 하고서 사셔야 합니다. 속으로 삭히면 삭힐수록 응어리가 생기게 됩니다.

삶의 모습을 찬찬히 들여다보면 어떤 것도 그냥 이루어진 게 없다는 걸 알 수 있다. 누구나 자기만의 인생의 굴곡이나 자기만의 인생의 고통이 있을 수 있고, 남들이 알지 못하는 그러한 어려움도 있었을 것이다. **자신이 어떠한 선택을 했든지 간에 그것은 누구 때문에 일어나는 게 아니라, 결국엔 자신의 에너지가 존재했기 때문에 일어났다는 것이다.** 그래서 자신의 에너지가 온전하고 균형이 잡혀 있었다면 인생에서 힘든 굴곡을 겪었을까에 대해 생각해 보면 그렇지 않다는 걸 알게 된다. 에너지 조절이라는 것, 특히 **선천 명리학에서 말하는 최고의**

사람인 '음양화평지인(陰陽和平之人)'도, 결국 자신의 에너지를 균형 잡히게 만드는 것을 말하는 것이라고 볼 수 있다. 그래서 지금까지의 삶이 한쪽으로 치우쳐 굴곡진 삶을 살았다면 앞으로는 자기 에너지의 조절, 자기 에너지의 관리를 잘해서 인생을 개척하는 데 좀 무난하게, 평안하게 이끌어 나갈 수 있으면 하는 바람이다.

Part 3
이름과 운세 변화

1장
이름과 운세 변화

이름의 운세 변화 사례: 무술일주(戊戌日柱)

이름을 짓는 데 있어서 운세의 흐름을 파악하는 것은 아주 중요하다. 실제 작명 수업을 받는 학생들의 이름을 운세의 흐름을 적용하여 살펴보기로 하자.

81.6.18.(+) 42세, 여

	癸		戊		乙		辛	
	丑		戌		未		酉	
86	76	66	56	46	36	26	16	6.3
甲	癸	壬	辛	庚	己	戊	丁	丙
辰	卯	寅	丑	子	亥	戌	酉	申

이 사주는 미월생(未月生)으로 화기가 많고, 또 전체적으로 토기가 많고 금기도 많다. 왜냐면 유술합금(酉戌合金), 유축합금(酉丑合金)으로 금기로 바뀌는 힘이 있기 때문이다. 즉, 미월생에 무계합화(戊癸合火)가 있어 화토금이 많은 에너지 구조이다. 이 미토(未土)는 감정 표현을 잘하지 않고 속으로 감추는 음화이다.

사주 주인공의 현재 이름은 '김다경'이다. '다'는 감정을 표현하는 양화이고, '경'은 음목(陰木)으로 목생화(木生火)의 이름이다. 목생화가 필요한 이유는 대운을 보면 된다. 36세부터 30년간 수기의 대운이 흐르고, 이어서 66세부터 목기의 대운으로 운세가 흐른다. 그러니 당사자 입장에서 66세까지 수기가 많이 들어오기 때문에 수기는 그다지 필요하지 않다.

또한, 시간(時干)의 축토(丑土)가 유축합금(酉丑合金)을 일으키면서 금기가 강해지는 구조이기도 하다. 그래서 결론적으로는 금기의 이름은 피했고, 토기의 이름도 피했다. 토기와 금기를 피하는 이름으로 운세를 적용해서 만든 거라고 보면 된다. 이처럼 운세가 흐르는 에너지를 고려하여 이름을 지어야 한다. 수기가 많이 들어올 때는 화기와 토기, 목기가 필요한 시기이다. 그런데 사주 원국(原局: 운세를 적용하지 않은 사주팔자)에서의 에너지가 토기와 금기가 센 구조이기 때문에, 토기와 금기를 피하는 구조로 이름을 지은 것이다. 운세를 적용하지 않으면 문제가 되는 게 많다. 특히 초년에 금기가 굉장히 많이 들어와 있다. 초년의 신유술(申酉戌)은 금기가 창궐한 것과 같다. 그렇게 유금(酉金)과 축토(丑土)가 이미 금기와 결합하여 무려 30년 이상을 지속되어 왔다는 거다.

금기가 강한 구조인 데다 토기의 생을 받아서 더 강성한 구조가 되고, 또한 토기도 화기의 생을 받기 때문에 결론적으로 토기와 금기가 강성한 구조이다. 또 한 가지는 이분의 성품이나 기질을 확인해서 어떤 에너지가 많이 나타나는지 확인해 봐야 한다. 지금 현재로는 토기와 금기가 가장 많이 나타나는 것을 볼 수 있다. 만약 화기가 많이 나타났다면 자기표현도 적극적으로 하고 성질도 낼 수 있는데 그런 느낌은 찾아보기 힘들다. 이처럼 불의 기운보다는 토기와 금기의 기운이 더 많이 느껴지고, 그중에서도 제일 강하게 느껴지는 것은 현재까지는 토기였다.

그렇다면 왜 토기가 많이 느껴졌는지 살펴보자. 대운을 살펴보면, 26세부터는 무술(戊戌)대운이 들어오면서 토기가 굉장히 강성해지는 시기였다. 무술(戊戌)일주가 무술(戊戌)대운을 맞이할 때를 복음(伏吟)이라고 한다. 엎드려 울 정도로 힘들다는 뜻이다. 그래서 26세부터 36세 사이가 본인에게 가장 힘든 시기였을 것으로 보인다. 그런데 그때의 이름이 토기의 이름인 '영일'이었으니, 토기에 더 짓눌려서 힘들었을 것으로 예상이 된다. 사주 주인공의 이야기를 한번 들어 보자.

김영일: 저는 25살에 결혼해서 아기 낳고, 또 아기 낳고 키우면서 집에서 거의 생활했습니다. 저는 힘들다는 생각은 안 했지만 오히려 주변 사람들로부터 제가 힘든 상황이라는 말을 많이 들었습니다. 친구들이나 친정 식구들로부터 "너 참 대단하다. 어떻게 그렇게 살고 있니?"라는 말을 좀 많이 들었습니다.

힘들지만 힘들다고 잘 느끼지 못하는 것은 토기의 참을성 때문이다. 토기가 강하면 힘든 상황을 묵묵히 참고 견디기도 하지만, 스스로 힘들다는 내색을 하지 못한 채 속으로 억누르다가 결국 한 번에 폭발할 수도 있다.

이름의 운세 변화 사례: 정묘일주(丁卯日柱)

78.5.4.(+) 45세, 여

	庚		丁		丙		戊	
	子		卯		辰		午	
90	80	70	60	50	40	30	20	9.6
丁	戊	己	庚	辛	壬	癸	甲	乙
未	申	酉	戌	亥	子	丑	寅	卯

다음의 사주를 보면 목기와 화기가 상당히 강성한 구조이다. 현재도 목기와 화기가 강성한데, 거기다가 엎친 데 덮친 격으로 30년 수기 대운이 와 있어 생을 하고 있다. 그리고 화기가 이렇게 강하게 들어차 있는 구조인데 출생일이 양력으로 5월 4일이다. 5월 4일에서 며칠 지나면 사화월(巳火月)로, 이 진토(辰土)는 화기가 있는 진토로 봐야 한다. 물론 자진합수(子辰合水)가 있어서 수기도 보

완되지만, 전체적으로 보면 수생목, 목생화로 흐르는 구조로 되어 있다. 그래서 수목화로 흐르는데 운세가 30년간 수기가 강성하므로 수기도 만만치 않다. 그러면 이 구조에서는 무엇이 가장 약할까? 결국은 토기와 금기가 약한 구조가 나올 수 있다. 그래서 이름을 '선아'라고 지은 것이다. 30세부터 50세 사이에 이렇게 30년간 수기가 들어차 오는데, 이전 이름은 '미'였다고 한다. 성은 '남궁'이고 이름이 '미'인 수기였다. 수기가 강성한 때 수기의 이름을 가지고 살았으니 몸과 마음이 냉각되는 게 더 심해졌을 것으로 보인다.

그다음에 화생토가 잘 되도록 해야 하는데, 전체적으로 봤을 때는 무토(戊土)와 진토(辰土)가 있기 때문에 화생토는 되지만 이 진토가 자진수(子辰水)나 묘진목(卯辰木)으로 사라지는 구조로 되어 있어 조금 부실하다고 봐야 한다. 그래서 괜찮다가도 또 안 좋아지고, 괜찮다가도 안 좋아지는 등의 현상이 생긴다. 진일(辰日)이나 진월(辰月), 또는 묘월(卯月)이나 묘일(卯日), 묘년(卯年), 그다음에 자일(子日)이나 자년(子年), 자월(子月)이 올 때마다 요동을 쳤을 것이다. 이러한 형태를 방지하는 브레이크 역할을 하는 것이 금기다. 그래서 '선'이라는 금기의 글자를 넣어 작명한 것이다.

그렇다면 운세의 흐름으로 보면 어떨까? 60세 이후에는 부족한 토기와 금기가 운세로 받쳐 주기 때문에 소위 운의 흐름이 좋다고 할 수 있다. 그래서 노년에는 운이 좋은 방향으로 잘 흘러갈 수 있다. 그럼 지금 부족한 것은 무엇일까? 식신(食神)과 재성(財星)의 에너지가 부족하다. 식신과 재성은 먹고사는 문제, 돈 버는 문제가 부족한 상태로 계속 끌어질 수 있다. 그래서 그 부분을 해결해야 하는데 신해(辛亥)대운에서도 그것은 해결이 안 되는 구조다. 왜냐하면 신금(辛金)이 병화(丙火)와 합을 이루면 수기로 바뀌고, 해수(亥水)도 해묘목(亥卯木)이 되지만 이것도 공부하는 에너지이기 때문에 돈을 벌거나, 뭔가 자기가 거느려 확장하는 에너지는 아니다. 결국 60세 이후부터 확장하는 에너지로 들어가게 된다.

지금은 임자(壬子)대운으로 관이 들어와 있지만, 이 관은 내가 소속되어 있는 조직, 직장에 다 쏠려 있다. 관이 강하면서도 남자가 없는 사람에 대한 여담이 있다. 필자에게 상담을 받은 분의 이야기인데 그분은 잡지사 편집국장이었다. '저는 왜 남자가 안 생길까요?' 하고 묻는데, 사주 구조를 봤더니 관이 있는 구조였고, 남자가 안 생기는 구조가 아니었다. 또한 남자에 관한 관심이 없는 것도 아니었다. 그런데 문제는 이분이 매일같이 밤샘으로 일을 하는 상태였다. 데이트할 시간도 없고, 누구를 만나러 갈 시간도 없이 그렇게 살아가는데 어떻게 남자가 생길 수 있을까? 일과 결혼하거나 회사랑 결혼하는 구조라서, 그 일에서 나오지 않는 이상에는 남자가 안 생긴다고 이야기를 했었다.

그러니 본인이 소속돼 있는 조직이나 직장 또는 하는 일에서 좀 벗어나지 않는 이상은 남자가 생기기는 쉽지 않은 구조이다. 그런데 60세가 되면 술토(戌土)의 상관이 강해지는 구조로 흐른다. 상관은 조직을 깨는 구조다. 그러니 60세 이후에는 조직이나 소속된 곳에서 나올 가능성도 높다. 그런 의미에서 60세 이후에는 남자가 있을 수 있다고 말할 수도 있다. 지금은 본인이 소속된 곳에 매진하고 있으므로 좀 어려울 수 있다고 본다. 그래서 지금의 '선아'라는 이름은 사주 에너지와 운세의 에너지에 부합하게 잘 지은 것을 보인다. 지금 살아가는 에너지로 봤을 때는 50대에 빛을 보는 이름이라고 볼 수가 있다.

이름의 운세 변화 사례: 갑진일주(甲辰日柱)

68.3.7.(+) 55세, 여

	丁		甲		乙		戊	
	卯		辰		卯		申	
90	80	70	60	50	40	30	20	10.0
丙	丁	戊	己	庚	辛	壬	癸	甲
午	未	申	酉	戌	亥	子	丑	寅

이 사주는 목기가 매우 강성한 사주다. 원래 목의 기운이 강한데, 지금까지는 목의 기운을 돕는 수기 대운을 지나왔다. 그래서 40세까지 수기의 에너지가 굉장히 강하게 들어왔다는 것을 볼 수 있다. 그것은 수생목이 엄청나게 강했다는 것을 의미한다. 지금은 수기와 목기의 음식을 금지하여 에너지의 균형을 잡고 있는데 이름에서도 수기와 목기가 없는 이름이 필요하다.

이분의 현재 이름은 '소현'이다. 금기와 토기로 보강이 되어 있는데 지금 운세의 흐름으로도 금기와 토기가 보강되고 있다. 그럼 이런 경우에는 무엇을 더 보강해야 할까? 섭생을 어떻게 하는 것이 도움이 될까? 이 경우에는 화기를 빨리 많이 보충해야 한다. 화기가 부족하게 되면 손과 팔의 힘이 약해지고, 열정 그리고 확장하는 힘이 부족하게 된다. 그래서 이러한 부분을 어떻게 해결할 것이냐를 고민해야 한다. 솔루션으로는 식습관을 바꾸는 방법이 있으며 화기에 속하는 음식을 주력으로 많이 섭취하면 좋다. 특히 화기의 음식 중에서 가장 효율적인 게 술(酒)이다. 그래서 술을 마시면 마실수록 화기의 보충이 일어나고 순환이 잘 일어나서 균형을 잘 잡을 수 있게 된다.

그리고 운세의 흐름으로 50세 대운에 토기와 금기로 흘러가는 구조이면서 토기와 금기의 이름을 쓰고 있다. 지금의 '소현'이라는 이름은 20대부터 40세 대운까지는 굉장히 좋은 이름이라고 볼 수 있고, 자기를 버티게 한 이름이라고 볼 수 있다. 다만, 아쉬운 점은 화생토를 보완하는 게 필요하다는 점이다. 그래서 필자가 '도윤'이라는 호를 작명하였다. 전체적으로 화기의 약점이 있으므로 화기를 보충하는 형태의 섭생을 하면서 '도윤'이라는 이름의 화기 에너지를 사용하면 좋다. 만약 남자였다면 강한 화기의 '태윤'으로 넣어 주었을 것이다. '도'는 양화의 에너지이지만 양화와 음화를 동시에 써 줘도 좋다.

그 외 '하는 일'도 고려를 해야 한다. 예를 들어 화기가 부족한 상태에서 화기의 기운을 많이 쓰는 일을 하게 되면 상당히 몸에 악영향을 준다. 그래서 확장하고 추진하면서 전면에 앞장서는 일보다는 조력자로 가는 것이 유리하다. 이처럼 화기가 부족한 사람들은 강하게 어떤 것을 표현하는 것보다 부드럽게 표현하는 분야에서 일하는 게 더 낫다. 사람들 사이에서 부드러운 조력자로서 역할을 할 수 있는 이름이라고 볼 수 있다.

이름의 운세 변화 사례: 신사일주(辛巳日柱)

83.2.22.(+) 40세, 여

	庚		辛		甲		癸	
	寅		巳		寅		亥	
84	74	64	54	44	34	24	14	4.0
癸	丁	辛	庚	己	戊	丁	丙	乙
亥	戌	酉	申	未	午	巳	辰	卯

이 사주는 수기에서 목기로 흐르는 수생목이 강한 에너지 구조이다. 목기가 중심 세력이고, 또 목의 시간에 태어났다. 그래서 수생목에서 목생화로 흐르는 힘이 강한데 특히 14살부터 34살 사이에 있는 운세의 에너지는 화기의 에너지다. 그래서 목생화가 강한 구조이고, 이처럼 목생화가 강한 구조에서는 목기와 화기를 배설하는 게 중요하다. 그래서 '서윤'이라는 이름은 금기와 토기의 에너지로, 목화의 에너지를 배설할 수 있어 좋은 이름이다. 다만, 수기의 문제가 좀 발생할 수 있다.

그래서 수기의 부족 문제는 호라든지 아니면 다른 것으로 좀 보완하는 게 좋겠다. 당사자의 입장에서 수기는 식신(食神)이나 상관(傷官)의 힘이다. 즉, 말하는 힘, 연구하고 궁리하는 힘을 의미한다. 그래서 브랜드 이름이든지 본인의 호나 애칭을 수기가 보강되는 것으로 쓰면 좋은 구조가 나올 수 있다. 왜 그러냐면 후반부로 갈수록 금의 기운이 세지면서 보충이 되는데 수기는 전체 사주 구조에서 그다지 있지 않다. 그래서 수기를 보강해 나가는 것이 중요하다고 본다.

그리고 이런 구조에서는 양수보다는 음수를 우선으로 생각해야 한다. 왜냐하면, 양수가 되면 수생목으로 쉽게 빠져나가기 때문이다. 그래서 음수의 에너지 쪽으로 이름을 짓는 것이 좋겠다. 예를 들어, '미'보다는 '문', '만'보다는 '명', 이런 식으로 밑으로 떨어지게 해 주는 게 좋다.

이분의 운세적 흐름은 전체적으로 30년씩 운세가 정확하게 구분되어 가는 것이라 대운격(大運格)이라는 것을 볼 수 있다. 대운격은 운의 흐름이 좋은 것으로 본다. 왜냐하면 변화가 크지 않기 때문에, 변화된 에너지에 잘 적응하면서 그 에너지를 충분히 해당 기간 동안 사용할 수 있기 때문이다. 운세의 에너지 변화가 너무 잦으면 적응하다가 시간을 다 뺏기는 경우가 많다. 그러나 변화가 잦지 않으면 충분한 시간의 여유를 가지면서 준비를 할 수 있다. 그래서 뭔가 하나를 잘 잡아서 몰입한다면 어떠한 결실을 맺기에 좋은 구조라 볼 수 있다. 그래서 그런 것들도 종합적으로 고려해서 보면 된다.

이름의 운세 변화 사례: 을유일주(乙酉日柱)

73.6.18.(+) 50세, 여

	辛		乙		戊		癸	
	巳		酉		午		丑	
86	76	66	56	46	36	26	16	6.3
丁	丙	乙	甲	癸	壬	辛	庚	己
卯	寅	丑	子	亥	戌	酉	申	未

이 사주는 화극금(火剋金)이 강한 구조이다. 특히 한여름에 태어나서 금기를 극하는 힘이 강한 구조이며, 쉽게 말해 불칼(火刀)의 성향이라고 할 수 있다. 즉 심판자적 기질이 있다는 의미이다. 무오(戊午)의 에너지는 활화산의 의미를 가

지고 있어서 건드리면 폭발할 수 있다. 그리고 오축(午丑)귀문(鬼門)이 있으므로 감정적으로 민감하기도 하다. 또 사유축금(巳酉丑金) 때문에 감정적 결정도 할 수 있다. 또 을신충(乙辛沖)이라서 완벽주의자이기도 하고, 무계합화(戊癸合火)가 있어서 냉정함도 있다. 그래서 '상대가 까불면 죽는다'라고 하는 사주이다. 이런 기질은 외부의 다른 사람들한테는 잘 나타나지 않겠지만 집안 가족들을 향해서는 나타날 수 있다. 그래서 극단적으로 '까불면 죽는다', '나 건드리면 죽는다'라는 말을 잘 할 수도 있다.

해당 사주는 초년 16살부터 금기가 들어왔다. 그러니까 금의 기운도 이미 덧입어 있는 상태이다. 거기다가 지금은 수의 기운으로 넘어가는 상황이며, 수화상쟁(水火相爭)으로 생각할수록 열받고, 열받을수록 생각이 많아지는 에너지 구조이다. 그리고 갑자기 바뀐다는 의미를 갖고 있는 갑자(甲子)대운이 56세부터 오는데, 목기가 줄을 서는 구조이다. 본인에게는 비견(比肩)이라는 에너지가 부족한데 목기가 들어오면 비견의 에너지, 즉 자신을 드러내는 에너지가 굉장히 강해진다.

이 사주 주인공의 현재 이름은 '민경'이다. 사주에서 수생목이 제일 약한 구조인데 '민경'의 이름은 수생목의 구조이다. 왜냐하면 화극금이 강하고, 화토금으로 흐르는 구조에서는 수생목을 해야만 유연성을 가지고 부드러워지기 때문이다. '민'은 수기를 뜻하는데, 현재 사주 구조에서는 수기가 너무 없으므로 수기를 받쳐 주는 구조가 좋다. 사주 구조에서 계수(癸水)는 무계합화(戊癸合火)가 되어 화기로 바뀌기도 해서, 수기는 고립의 상태이다. 이런 경우에는 신장(腎臟)이 약해지는 구조라 신장에 병이 들 수도 있어 허리가 자주 아플 수도 있다. 그래서 이런 부분들을 보강하려면 '민'자를 써 주는 게 건강의 측면에서도 좋다. 그리고 갑자대운이 지나면서 수생목으로 흘러가야 하는데 수생목의 그릇이 없다 보니 수생목의 그릇을 만들어 줄 필요가 있다. 그렇게 해서 자기의 능력을 펼칠 수 있도록 가면 좋겠다.

그리고 '황'이라는 성 자체가 본인에게는 강력한 토기로써 도와주고 있기에, 토기도 크게 문제는 되지 않는 것으로 보인다. 무계화(戊癸火)로 계수(癸水)도 날아가고, 무토(戊土)도 불로 바꾸는 구조라서 '황'이라는 성은 본인에게는 굉장히 좋은 글자이다. 그래서 이름을 부를 때도 '민경아'라고 부르기보다는 '황민경'으로 부르는 게 좋다. 이 사주에서는 토기가 약간 보강이 되어야 한다는 게 보인다. 그러니 토기를 보강할 수 있는 호를 만들어 사용하면 좋겠다.

이름의 운세 변화 사례: 임자일주(壬子日柱)

63.9.6.(+) 60세, 여

	辛		壬		庚		癸	
	丑		子		申		卯	
81	71	61	51	41	31	21	11	0.6
己	戊	丁	丙	乙	甲	癸	壬	辛
巳	辰	卯	寅	丑	子	亥	戌	酉

이 사주는 금수가 강한 구조다. 묘신(卯申)귀문이 있어 눈치도 엄청 빠를 수 있다. 금수쌍청(金水雙淸)이 있어서 머리도 아주 좋다. 이 정도의 선천적인 지능이라면 최고의 학력을 갖을 수 있었는데 그렇지 못했다면 재능을 살리지 못하고 제대로 공부하지 못했다고 볼 수도 있다. 그리고 자축수(子丑水), 신자수(申子水) 등 수기가 굉장히 강성한 구조의 임자일주이다. 임자일주는 폭포수 같은 분들의 성향이라 호불호가 강해 인생의 굴곡이 좀 있는 분들이 많다. 그런데 하필이면 금수가 강하신 분이 갑자대운 전까지 금수로 살아왔다. 그 시기 동안에 자기 성향을 강하게 드러내면서 살아왔을 것이다. 지금의 대운에서는 상당히 부드러워진 모습이다. 51세부터는 본인에게 좋은 운세가 쭉 들어오고 있는 구조이다. 다만 70세가 될 때 무진(戊辰)대운에서 자진수(子辰水)가 되고, 신자진수

국(申子辰水局)이 되니 이때는 조심해야 한다. 이때는 체질에 맞는 식단 조절을 단단히 하고, 주변 환경을 잘 준비해서 불리한 시기를 잘 넘길 수 있도록 하면 좋겠다.

61세 정묘(丁卯)대운은 호시절이라고 할 수 있고, 지금보다 더 큰 호황기를 누릴 수 있는 시기다. 지금은 인신충(寅申沖) 때문에 목기가 힘을 발휘하지 못하지만, 정묘대운에서는 묘목(卯木)이 아주 강성하게 작동하는 때이다. 그래서 많은 것을 거느리고 많은 것들을 이룰 수 있는 구조이다. 그리고 정화(丁火)가 임수(壬水)와 합을 하기에 정임합목(丁壬合木), 즉 내가 임수(壬水)의 얼굴로 사는 게 아니라 갑목(甲木)의 얼굴로 사는 시대가 된다. 그래서 진취적이고 멋지게 살 수 있는 60세의 대운이 될 수 있다. 지금부터 1년 남았으니 2022년 겨울이 지나기 시작하면 돌변하는 모습이 예상된다. 이름도 '규림'으로 바꿨는데 '규림'은 목기와 화기의 에너지이므로 부족한 목기와 화기의 그릇을 미리 만들어 둔 거라고 보면 된다. 임수(壬水)입장에서 화기는 돈을 버는 힘에 해당한다. 그래서 지금부터는 만들어진 그릇이 십분 발휘되는 기간이 될 것이다.

여기서 중요한 건 정임합목(丁壬合木) 때문에 임수(壬水)가 갑목(甲木)의 에너지로 바뀌게 되면 화기가 아닌 토기가 돈을 버는 힘으로 바뀌게 된다. 그럼 무엇을 보강하면 될까? 지금은 돈을 벌 수 있는 화기의 이름으로 바꿔 놨기 때문에 여기에 토기를 살짝 보강하게 되면 끝까지 돈을 버는 구조가 나오게 된다. 그래서 본명은 '규림'으로 쓰고, 호는 토기에 해당하는 명칭을 쓰게 되면 상당히 좋은 구조가 나올 수 있다. 그래서 호를 한번 지어 보는 것도 필요하다고 본다.

참고로, 금수가 강한 구조에서 어렸을 때 금수가 강하게 들어오거나, 목화가 강한 구조에서 어렸을 때 목화가 강하게 들어오면 잦은 병치레를 할 수가 있다. 몸이 안 좋거나 컨디션이 오르락내리락 할 수 있다. 어린 시절을 어떻게 보냈는지 사주 주인공의 이야기를 들어 보자.

정규림: 머리는 좋았지만 병치레로 학교를 잘 못 갔습니다.
굉장히 많이 아팠습니다. 학교를 가도 양호실에서 살다시피 했고, 21살,
아마 계해대운인 것 같아요. 그때 머리 수술을 세 번 정도 했고,
머리 말리는 약을 엄청나게 먹었습니다. 고막도 터져서 물이 많이 나왔습니다.
그걸 모르고 있었는데 아마 그때 수 대운을 맞으면서 그랬던 것 같습니다.
그러고 나서 무역 회사 다니면서 회사 생활을 잘 했고,
갑자대운에 결혼하면서 일을 그만두었는데 또다시 아팠어요.
금수의 에너지를 좀 써야 하는데 그렇게 하지 못했기 때문인 것 같습니다.
일할 때는 그 에너지를 써서 20대 후반에는 좀 안 아팠거든요.
그때 전성기를 누리다가 결혼하면서 일을 안 하니까 또 난소도 한쪽 떼 내고,
맹장 수술도 하고, 대상 포진도 한 30대 후반에 앓았고,
이후에도 굉장히 수술을 많이 했던 것 같아요. 그런 뒤에 뇌수막염도 앓았고요.
그게 아마 수기인 체액의 과다랑 관련이 있는 것 같습니다.
어른들은 뇌수막염 안 걸린다고 하는데 아무튼 저는 계속 아팠습니다.
이제 대운의 좋은 일만 남았다니까 기대하고 열심히 살겠습니다.

보통 임자일주나 임수들이 이 공부하기가 쉽지 않다. 왜냐하면, 사기의 생각이 너무 강하기 때문이다. 그런데 이분은 워낙 고생을 많이 해서 자기를 반성하고 되돌아보기는 기회가 많았던 것으로 보인다. 그리고 자신의 에너지로 인해 몸이 아픈 경험을 많이 했기 때문에 그 기질을 많이 내려놓으면서 인정할 건 인정하는 구조가 나오게 된 것으로 보인다. 그러나 문득문득 자기 기질이 튀어나올 때면 또 깜짝깜짝 놀랄 수 있다. 하여튼 자기 기운이 어렸을 때 많이 들어오게 되면 병치레를 많이 하게 된다는 것을 참고하면 나중에 상담할 때에 도움이 많이 될 것이다.

이름의 운세 변화 사례: 계축일주(癸丑日柱)

54.6.26.(+) 남

	戊		癸		庚		甲	
	午		丑		午		午	
84	74	64	54	44	34	24	14	4.0
己	戊	丁	丙	乙	甲	癸	壬	辛
卯	寅	丑	子	亥	戌	酉	申	未

이 사주는 소위 적토마 사주라 부르기도 한다. 오화(午火)가 세 개나 있고 거기에 오축(午丑)귀문관살, 즉 남의 마음을 읽는 힘이 강한 감성적인 에너지가 있다. 계축(癸丑)일주 자체는 약간 전략가적 기질이 있는 구조이다. 무계합화(戊癸合火)가 있어 냉정한 면도 있고, 갑경충(甲庚沖)이 있어 지시형, 지적형 기질로 원칙주의자적 기질도 있다. 그런데 이 오화(午火)가 쌍두마차로 있다. 오화병존이 있는 사람들은 밤샘으로 일을 할 수도 있다. 어떠한지 사주 주인공의 이야기를 들어 보자.

강병구: 그런 기질이 있는 것 같기는 합니다.
그렇지만 그렇게 심하게 일을 했던 기억은 없습니다.
그래도 하려고 애를 썼던, 그런 면은 상당히 있었습니다. 그런데 그게 잘 안 됐어요.
질문자: 34살에 갑술대운 때 오술화가 되었습니다.
혹시 이때 무슨 이슈가 있었을까요?
강병구: 부모님이 좀 건강이 안 좋으셔서 거기에 신경을 많이 쓴 것 같습니다.
그 외에는 별로 생각이 안 납니다.
질문자: 남자가 이렇게 재성이 강하면 둘 중의 하나입니다.

여자한테 인기가 많든지, 아니면 아버지 복이 없든지,

둘 중 하나의 경향을 보입니다.

강병구: 아버지 복이 없었던 것 같습니다.

보통 재성이 과다하면 과다한 만큼 욕구가 많은데, 그 욕구가 충족되지 않는 경우가 있다. 원하는 아버지상이 있는데 그 아버지상이 충족되지 않기 때문에 아무리 좋은 아버지라도 만족감이 떨어질 수 있다. 그래서 재성(財性)이 과다하면 해당하는 욕구도 많이 있을 수 있다는 것을 알아두길 바란다.

위 사주 주인공의 현재 이름은 '병구'이다. '병'자는 수기를 상징하고, '구'자는 목기이다. 수생목이 강하게 작용하는 에너지 구조다. 그럼 전체적으로 봤을 때, 그리고 운세의 흐름으로 봤을 때 보강해야 할 것이 무엇인지 생각해 보면 답이 나온다. 이 에너지 구조에서 무엇이 보강되어야 할까? 금기가 약하기 때문에 금기를 중심으로 금생수를 보강하면 좋겠다.

금기는 14세 대운부터 20년간 들어왔었다. 34살 전까지가 굉장한 호시절이었다고 볼 수 있다. 54세 대운에는 자수(子水)가 온다. 자수가 오면 자축수(子丑水), 자오충(子午沖)이 되는데 이때는 이슈가 있었을 수 있다. 54세에서 64세로 넘어가는 시점에서 심장이 두근거리는 등 심장에 관련된 문제, 혹은 혈액에 관련된 문제가 생겼었는지, 또는 재성이라는 부분에서 아버지 문제, 여자 문제, 돈의 문제 등 이런 것들이 같이 생겼었는지 확인해 볼 필요가 있다.

강병구: 돈의 문제는 조금 어려움이 있었습니다.

그리고 50대쯤 혈압이 갑자기 높아졌던 것 같습니다.

아마 그 시기부터 약을 먹기 시작했던 것 같아요.

혈압 약을 먹고 그 후로 굉장히 심혈관계 쪽으로 힘든 것을

많이 느꼈다는 생각이 듭니다.

내담자의 강성한 화기 에너지 구조에서 나타날 수 있다. 화기의 돌출이나 화기의 강성함을 조절시켜 줄 수 있는 구조를 찾아야 한다. 그래서 현재 필자가 보는 관점에서는 금기도 필요하지만 토기도 필요한 구조이다. 그래서 토생금 위주로 호를 지어 보면 좋을 것 같다.

이름의 운세 변화 사례: 갑술일주(甲戌日柱)

80.3.17.(+) 43세, 여

	丙		甲		庚		庚	
	寅		戌		辰		申	
89	79	69	59	49	39	29	19	9.0
辛	壬	癸	甲	乙	丙	丁	戊	己
未	申	酉	戌	亥	子	丑	寅	卯

이 사주 구조는 아주 특이한 에너지 구조이다. 신금(申金)과 진토(辰土)는 자수(子水)가 들어오면 신자진수국(申子辰水局)이 된다. 그리고 인목(寅木)과 술토(戌土)는 오화(午火)가 들어오면 인오술화국(寅午戌火局)이 되고, 묘목(卯木)이 들어오면 인목(寅木)과 진토(辰土)가 반응해서 인묘진목국(寅卯辰木局)이 된다. 또 유금(酉金)이 들어오면 신유술금국(申酉戌金局)이 된다. 그래서 자오묘유(子午卯酉)의 에너지가 年이나 月, 日에 들어올 때마다 변화가 심한 사주 구조다. 이렇게 변화가 무쌍한 사주를 드라마틱한 사주라고 한다. 영화 같은 사주, 즉 있을 수 없는 일들이 많이 일어나는 사주라고 말한다. 그래서 이런 분들은 소위 말해서 잘 쓰면 대박이요, 못 쓰면 쪽박이라고 하기도 한다.

지금은 운세의 흐름으로 자수(子水)의 대운이 들어왔다. 자수의 대운이 오면 신자진수국(申子辰水局)으로 심신으로 고생을 많이 할 수 있다. 조금 지나면 유금(酉金)이 오는데 그럼 신유술금국(申酉戌金局)으로 인해 관성(官性)이 엄청나게 작용할 것으로 예상이 된다. 69세부터 관이 강해지기 때문에 이때는 관에 대한 문제, 즉 관직에 올라간다든지, 또는 아니면 남자에 관련된 변화 또는 문제가 생길 수 있다. 해당 에너지는 나이가 들수록 인기가 많아지는 구조이다. 그래서 나이가 들어갈수록 남자 문제가 생기거나 늦바람이 날 수 있다. 지금은 인성이 굉장히 세게 들어와 있는 상태이다. 인성은 공부하는 에너지인데 그것도 하필이면 수인성(水印性)이다. 그럼 더욱더 생각이 많아지고 인성이 강해진다. 어렸을 때엔 묘목(卯木)대운에는 비견이 강해지고, 인묘진(寅卯辰) 목국(木局)으로 엄청나게 돌아다니면서 놀고, 활동량이 많아 가만히 있지 못했던 때였을 것이다. 아주 역동적인 시기라고 보면 된다. 그렇다면 2023년 계묘년(癸卯年)이 되면 인묘진목국(寅卯辰木局)이 되면서 또 많은 활동을 할 것으로 보인다. 그런 모습들이 지금부터 점증적으로 슬슬 나타나기 시작한다. 이처럼 자오묘유(子午卯酉)가 올 때마다 굴곡이 심하게 온다. 특히 건강 문제에서 굴곡이 심하게 오기 때문에 건강관리를 철저하게 잘해야 한다. 그래서 이런 분들은 체질에 따른 식이요법을 철저하게 잘 지켜야 한다.

현재 이 사주 주인공의 이름은 '다희'라는 이름으로, 화생토의 에너지이다. 현재는 화생토가 필요한 시기이다. 모든 게 수기로 돌아갔기 때문에 수기를 극복하기 위해서이다. 목기가 약해지는 구조이기는 하지만 봄의 진월생이라 어느 정도 보강이 되었고, 부족한 목기는 '미교'라는 호를 쓰는 것으로 보충했다. '미교'는 수생목의 에너지이다. 이처럼 화생토와 수생목의 호를 쓰고 있는데, 토기와 금기가 강세이기 때문에 토기와 금기의 이름을 조절한 것이다.

에너지 구조에서 부족한 부분을 어떻게 보강할 것이냐를 고민해야 하는데 노년의 에너지도 함께 고려해서 봐야 한다. '다희'라는 이름은 일단 69세 이후의 이름으로도 괜찮다. 그리고 내년 인묘진(寅卯辰)으로 흐르는 에너지와 현재의 자수 대운을 버틸 수 있는 호를 지어 보는 것, 특히 목기가 무너지는 것을 어떻게 보강할 수 있을까를 고민하면서 호를 지어 보는 것도 좋겠다.

2장
작명 시 고려할 요소들

한자를 찾을 때 고려할 요소

작명에 필요한 한자를 찾을 때 고려해야 하는 것에 대해 알아 보자. 한자를 보는 기준은 획수와 부수의 위치, 그리고 글자의 모양이나 형상을 보면 된다.

목기(木氣)	화기(火氣)	토기(土氣)	금기(金氣)	수기(水氣)
木○	火○	土○	金○	水○
○木	○ 灬	○ 土	○ 金	氵○
○○ ○木				

한문으로 된 글자를 보면 부수의 위치가 다양하게 위치하는 것을 볼 수 있다. 예를 들어 화기의 글자인 '熙'라는 글자를 보면, 밑에 불화(灬)가 위치한다. 불화(火)가 위에 붙을 수도 있고, 밑에 붙을 수도 있다. 수기의 글자인 '江'을 보면 삼수변 수(氵)가 옆에 붙어 있는 것을 볼 수 있다. 부수의 위치는 좌·우, 위·아래로 다양하게 있을 수 있다. 그리고 한자에서 부수가 하는 역할은 어떠한 글자에 에너지를 덧붙여 주는 것으로 이해하면 된다. 예를 들어, '강'이라는 글자를 볼 때, 한글에서의 '강'은 목기에 해당하면서 밑에 'ㅇ'의 토기를 깔고 있다. 이처럼 부수의 역할이 한글에서 밑에 받침으로 사용하는 글자와 동일하다고 보면 된다.

그리고 한자에서 획수를 통해 음과 양의 흐름을 고려할 수 있다. 한자의 글자를 맞출 때는 음·양·음으로 맞추거나, 양·음·양으로 맞추어 그 흐름을 만들어주는 게 좋다.

한문은 목화토금수라고 하는 에너지의 모양을 따서 만들었기 때문에 해당하는 글자의 모양새를 봐야 한다. 이는 모양에 대한 에너지가 형상적으로 함께 들어가 있다는 의미이다. 그래서 기본적으로는 삼각형인지, 마름모꼴인지, 네모인지, 동그라미인지 등 모양새에 따라 에너지의 양상이 다르다는 것도 알아야 한다. 길쭉길쭉한 것들은 목기에 해당하고, 네모난 것은 금기, 밑이 늘어지는 것은 수기, 역삼각형은 화기에 해당한다. 머무는 에너지, 돌출되는 에너지 등 어떠한 에너지마다 그 에너지에 따르는 모양이라는 게 드러나 보인다. 이렇게 모양에 따라 에너지는 서로 다르다. 그러므로 어떤 글자가 어떤 모양으로 보이는가는 그 글자가 어떤 에너지를 담고 있다는 것을 의미하기 때문에 글자의 모양도 상당히 중요하게 봐야 한다.

목기(木氣)	화기(火氣)	토기(土氣)	금기(金氣)	수기(水氣)
木	▽火	⊕土	金	△水

파장에너지의 형색(形色)과 생극제화

에너지는 파장값을 가지고 있고, 그림도 파장값을 가지고 있다. 그런데 그 파장값도 모양에 따라 다르다. 예를 들어서 얇은 글씨체가 있고, 굵은 글씨체가 있고, 그 외에도 여러 가지 글씨체가 있다. 똑같은 글자를 쓰더라도 사람마다 쓰는 글씨체가 다르다. 예를 들어, **글 글 글 글 글 글**처럼 딱딱 끊어지게 쓰는 사람도 있고, 흘러가듯이 쓰는 사람도 있고, 삐치면서 쓰는 사람도 있다.

이러한 모양에 따라서 그 사람의 에너지 구조가 나타난다. 글씨를 크게 쓰는 사람도 있고, 작게 쓰는 사람도 있고, 또박또박 쓰는 사람도 있고, 흘려 쓰는 사람도 있다. 이처럼 글씨체도 본인들이 가지고 있는 에너지에 따라서 상당히 달라진다. 예를 들어서 어떤 사람이 글씨를 흘려서 썼다면 그 사람은 어떤 에너지가 없는 사람이라고 유추할 수 있을까? 금기가 없다고 생각할 수 있다. 금기가 강하다면 글씨를 딱딱 떨어지게 쓰거나 뾰족하게 삐치는 모양으로 쓸 수 있다. 또 어떤 사람은 글씨의 윗부분을 크게 쓰는 사람도 있고, 아랫부분을 크게 쓰는 사람도 있다. 화기가 강한 분들이 글자 윗부분을 크게 쓰는 경향이 있다. 추사 김정희 선생의 필체는 불의 기운이 강하다고 볼 수 있다. 그래서 굵고 강렬한 느낌을 받는다. 그럼 반대로 글씨체가 얇고 선이 가늘면 수기의 기운이 많다고 볼 수 있다.

글을 쓰는 사람의 에너지에 따라 글자에서 특정한 위치를 강하게 쓸 수도 있다. 예를 들어 '목'이라는 글자를 쓰는데 글자의 윗부분을 크게 적는 사람도 있고, 아랫부분을 크게 적는 사람이 있다. 올라가는 힘이 강하면 위를 크게 쓰고, 내려가는 힘이 강하면 아랫부분을 크게 쓴다. 그러니까 하나의 글자를 쓰더라도 자신의 에너지가 어느 쪽에 쏠려 있는지가 보인다.

그래서 모양도 에너지라는 것을 인식할 필요가 있다. 길을 가다가 간판을 볼 때도 단순하게 볼 것이 아니라 그 간판에 쓰여 있는 글자체가 어떤 느낌을 주는가를 인식해 보라. 목기의 느낌을 주는가, 화기의 느낌을 주는가, 토기의 느낌을 주는가, 금기의 느낌을 주는가, 수기의 느낌을 주는가를 한 번씩 볼 필요가 있다. 예를 들어 'ㄱ'을 둥그스름하게 썼다면 목기에 토기가 섞인 것처럼 느낄 수 있다. 똑같은 글자라고 하더라도 어떻게 쓰느냐에 따라서 그 느낌이 전혀 다를 수 있다. 그러니까 한 가지로 생각하지 말고 다각적인 관점으로 보는 게 필요하다.

글자를 볼 때는 모양을 보고 판단할 것인지, 획수로 보고 판단할 것인지, 발음의 상태로 판단할 것인지도 고려해야 한다. 예를 들어 이름처럼 소리로 불리는 것들은 파동을 중심으로 이름을 지어야 한다. 그러니 발음을 중심으로 이름을 짓는 게 맞다. 그러나 가게 간판을 세우는 거라면 무엇을 고려해야 할까? 그때는 모양을 고려해야 한다. 두껍게 쓸 건지, 얇게 쓸 건지, 그다음에 색깔의 바탕을 무슨 색으로 할 건지, 아니면 그림의 바탕을 무슨 색으로 할 건지를 고려해야 한다. 예를 들어서 'ㄱ'자를 쓰면서 바탕을 초록색을 쓸 수도 있고, 글자를 초록색으로 쓸 수도 있다. 만약 글자는 초록색인데 바탕이 흰색이라면 금목상쟁으로 글자가 튀어 보이는 느낌을 줄 수 있다. 그래서 눈에 확 띄는 간판들을 보면 에너지가 튀어나와 보인다. 충돌하는 에너지는 반짝반짝하게 보이고, 밝게 보이고, 눈에 잘 띄게 보인다. 이처럼 어떤 색깔을 사용하느냐에 따라서 그 느낌이 다르게 인식된다.

일명 상호명(商號名)이라 하는 브랜드네이밍(Brand Naming)을 할 때도 글자 뿐만 아니라 색깔과 모양이 들어간다. 그래서 어떻게 작명할 것인가를 생각할 때 즉흥적으로 하는 게 아니라 전체적인 에너지를 고려할 필요가 있다. 글자의 개수도 중요하지만, 글자의 모양이나 색깔도 상당한 에너지를 준다는 것을 알아야 한다.

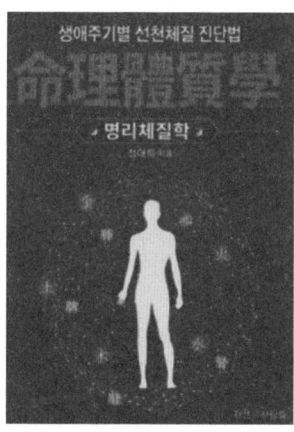

그림6. 책표지의 색과 모양

어떤 글자체를 쓸 때 특히 눈에 띄는 시즌이 있다. 올해부터 3년간 흐르는 인묘진년처럼 목기가 강할 때는 어떤 글자를 썼을 때 사람들의 눈에 잘 띨까? 임인년은 수생목이 강하고 목의 기운이 창궐하는 때이다. 목의 기운이 강해지면 강해질수록 어디로 흘러가려고 할까? 목의 기운은 화기로 흘러가려고 한다. 위의 책표지를 예로 들면, 책의 제목은 목기의 반대인 흰색과, 화기인 분홍색 글자를 넣었다. 지금과 같은 봄 시즌에는 분홍빛이나 빨간빛 같은 강렬한 빛이 눈에 잘 띈다. 그럼 여름 시즌에는 어떤 색이 좋을까? 노란색이나 흰색, 이런 쪽으로 가는 게 좋다. 지금은 목기라서 빨간색이나 노란색이 더 눈에 띄는 시절이고, 여름에는 노란색과 흰색으로 넘어가는 때라서 노란색이나 흰색을 썼을 때 사람들의 눈에 잘 띄게 된다. 그것은 에너지의 배설과 관련이 있다. 어떤 에너지가 충만할 때는 그 에너지를 배설하려고 하므로 배설하는 방향의 에너지를 잘 보게 된다.

어떤 에너지를 가지고 있는가에 따라 반응하는 에너지가 서로 다를 수 있다. 목기가 강한 사람은 어떤 글자의 색에 더 강하게 반응을 할까? 어떤 색의 글자를 더 예쁘게 인식할까? 목기가 강한 사람은 빨간색이나 노란색, 흰색 등 혹은 반대 색을 가진 모양에 반응한다. 그래서 음식도 빨간색 음식이나 노란색 음식이 더욱 먹음직스럽게 보이는 시즌이 있다. 그것은 음식 요리를 할 때도 마찬가지이다. 봄에는 신맛을 상징하는 성향이 강한 때이기 때문에 신맛의 음식을 하면 잘 먹지 않는다. 그럼 어떤 음식이 좋을까? 봄에는 여름을 맞이하기 때문에 쌉쌀하고 쓴맛이 가미된 것을 먹으면 좋다. 그래서 봄에 즐겨 먹는 것들을 보면 씀바귀, 냉이 등으로 약간 쌉쌀한 맛들이 가미가 되어 있다는 걸 알 수 있다. 그것은 쓴맛으로 넘어가는 힘이 있기 때문이다. 그렇다면 여름에는 무슨 맛이 많이 나올까? 수박과 같은 단맛이 강한 과일들이 나오기 시작한다. 그럼 가을이 되면 어떨까? 짠맛을 찾게 된다. 가을이 되면 해산물이 많이 들어간 해물탕 같은 짠맛이 강한 것들을 많이 먹게 된다. 그다음에 겨울이 되면 귤, 오렌지 같은 신맛들을 찾는다. 그래서 겨울에 동치미 국물을 먹는 것도 이런 식으로 입맛이 그 에너지의 방향으로 흐르기 때문이다.

에너지를 순환시키는 관점으로 봤을 때 다음 단계의 에너지를 어떻게 부여하느냐가 중요하듯이 이름도 똑같다. 나의 에너지가 다음 단계로 흘러 새로운 에너지로 흐름이 생길 수 있도록 작명을 하는 것을 고려해야 한다. 그리고 모양도 에너지가 있고, 색깔도 에너지가 있다는 것을 염두에 두어야 한다. 그래서 브랜드네이밍을 하거나 이름을 어딘가에 사용할 때, 이름으로 어떤 모양을 만들 때, 또는 옷을 입을 때 등 모든 것은 일맥상통하게 연결되어 있다. 모든 자연 현상은 규칙성을 가지고 움직이기 때문에 내가 가지고 있는 에너지가 무엇인지를 정확하게 아는 게 중요하다.

어떤 에너지가 강할 때는 그와 같은 에너지를 취하는 것은 좋지 않다. 만약에 나에게 초록색의 에너지가 많다고 하면 초록색의 에너지를 취하는 것은 좋지 않다. 그때는 그 초록색의 에너지를 배설할 수 있는 에너지를 취하는 것이 가장 효과적이다. 또는 부족한 에너지를 보강하는 것이 효과적이다.

그런데 사람들은 자기 에너지가 강한 것을 그대로 겉으로 나타내는 경우가 많다. 대부분 이름을 짓는 걸 봐도 부모가 아이의 이름을 작명할 때 아이에게 느껴지는 에너지를 보고, 느껴지는 대로 그 아이의 주된 에너지를 작명에 적용하여 쓰는 경우가 많다. 화기가 많으면 화기의 이름을 지어 버리고, 목기가 많으면 목기 이름을 지어 버리고, 토기가 많으면 토기의 이름을 지어 버리는 경우가 많다. 그러한 현상이 일어나는 이유는 강한 에너지가 그대로 겉으로 드러나고, 그래서 발현되는 에너지를 그대로 쉽게 인식하기 때문이다. 그래서 내가 어떠한 에너지가 많은가를 명확하게 아는 것이 중요하다.

그다음은 다른 사람한테 에너지를 어떻게 주고 있느냐도 중요하다. 예를 들어, 스포츠 선수 아니면 요리사 또는 선생님, 공직자 등 해당하는 직업이나 자리에 어울리는 이름이 있다. 그러면 그에 어울리는 이름을 갖춰 가는 것도 좋다. 그래서 이름을 지을 때 어떠한 일을 하고 있는지도 고려해야 한다. 예를 들어서 목기가 많은 사람이 스포츠 선수라면 움직임이 빨라야 하는 스피드와 관계된 이름이나, 지구력이 좋아지는 이름 등을 고려해서 이름을 지어야 한다. 하는 일과 이름이 부합되는 것이 가장 좋다. 그래서 작명을 할 때는 다양한 측면들을 고려해야 한다. 대운과 세운의 움직임, 직장, 색깔, 하는 일, 그동안 지내왔던 과정들 등, 이 모든 것을 고려하여 신중하게 지어야 한다. 그래서 결코 작명은 쉬운 일이 될 수가 없다.

이름에 대한 느낌

이름에는 수많은 다양한 것들이 모여져서 그 이름의 가치가 부여된다. 그중에서 실제로 이름을 불렀을 때, 다른 사람들에게 어떤 느낌으로 다가가는가도 중요하게 고려할 필요가 있다. 특정 이름을 불렀을 때의 느낌은 사람마다 다를 수 있다. 그래서 이름이 어떤 느낌을 주는지 실제로 느껴보는 것도 이름의 가치를 이해하는 데 도움이 될 수 있다. 그래서 작명을 공부하는 사람들이 상대방의 이름을 불렀을 때 어떤 느낌이 드는가에 대해 이야기한 것을 아래 참고 자료로 기재해 보았다. 이를 통해 이름이 주는 실제적 느낌을 이해하는 시간을 갖도록 한다. 이름이란 자신에게 부합하는 에너지를 주는 것이며, 이름을 불러 봤을 때의 느낌이나 이미지도 실제 자신이 하는 일이나 이미지와 부합하는 게 좋다.

> **질문 1.**
> **'전서윤'이라는 이름을 들었을 때 어떤 느낌이 드나요?**
>
> 강○○: 부드러운 느낌이 오는 것 같습니다.
> 정○○: 예쁘고 좀 섬세해 보여요.
> 황○○: 세련된 느낌이 납니다.
> 박○○: 작은 보석 같은 느낌이 납니다.
>
> 똑같은 이름처럼 보이지만 실제로는 그렇지 않다는 것을 알 수 있다. 본인이 느끼는 것과 다른 사람들이 느끼는 것은 다를 수 있다.

❓ 질문 2.

'강병구'라는 이름을 들었을 때 어떤 느낌이 드나요?

김○○: 약간 무서운 느낌이 듭니다.

정○○: 강한 느낌입니다.

황○○: 약간 고지식한 느낌입니다.

박○○: 힘이 있는 느낌입니다.

전○○: 누군가를 지켜 줄 수 있을 것같이 강한 느낌입니다.

이름을 통해 자신의 이미지가 고착되는 수도 있다. 만약에 군인이나 경찰 또는 누군가를 지키는 일 등과 같은 강렬한 인상을 주는 일에는 강한 이름이 어울릴 수 있다. 그러나 서비스를 하는 분야에서 일하고, 부드러운 일을 하는 직업이라면 강한 느낌의 이름은 부담스럽게 느껴질 수 있다. 강병구라는 이름은 건설 분야에서 일하시는 분의 이름이다. 그런 일은 뭔가 묵직하고 튼튼하게 할 것 같은 느낌이나 강인한 느낌이 있어서 괜찮지만, 만약 앞으로 상담가로 일을 하게 된다면 이 이름에서는 뭔가 부드러운 느낌이 부족하다는 것을 알 수 있다.

❓ 질문 3.

'정규림'이라는 이름을 들었을 때 어떤 느낌이 드나요?

전○○: 친근한 느낌이 들어요.

강○○: 안정되면서 좀 시원한 느낌이 듭니다.

황○○: 부드러운 느낌이에요.

박○○: 모아지는 느낌입니다.

김○○: 보들보들한 느낌입니다.

정규림이라는 이름을 사용하는 분은 원래 냉정하고 딱딱한 성향이었다. 그러나 이름을 통해 부드러운 느낌을 얻게 되었으니 이름을 잘 지은 것으로 보인다. 왜냐하면, 원래의 딱딱한 이미지를 벗어내고 좋은 이미지로 바꿔 주는 느낌을 주기 때문이다. 예를 들어서 전에 쓰던 '정선하'라는 이름을 보면 날카롭고, 예민하고, 새침하고, 까다로운 느낌을 주는 반면, '정규림'이라는 이름은 부드럽고, 보들보들하고, 따뜻한 느낌을 준다는 것을 모두가 말하고 있다.

❓ 질문 4.
'김다경'이라는 이름을 들었을 때 어떤 느낌이 드나요?

정○○: 예쁘고 좀 부드럽다는 느낌이 들어요.
황○○: 여린 느낌이 듭니다.
박○○: 귀여운 느낌이에요.
전○○: 사랑받는 느낌이에요.
강○○: 뭐랄까, 따뜻한 느낌이 좀 듭니다.

'김다경'에 대한 느낌으로는 대체로 명랑하고 밝은 느낌을 많이 이야기하고 있다. 원래 이분은 토기와 금기가 강한 분으로 자신의 감정 표현을 잘 하지 않고, 스스로 참고 인내하는 성향이 많았다. 그런 성향에다 이름까지 토기가 강하게 들어가는 '영일'이라는 이름을 사용하고 있었으니 더 억눌린 느낌이 많았을 것으로 보인다. 그러나 명랑하고 밝은 느낌이 많이 나는 '다경'이라는 이름으로 개명을 하고 나서 실제 본인도 밝고 활동적인 성향으로 바뀌기 위해 노력을 하는 모습도 많이 보인다.

❓ 질문 5.
'황민경'이라는 이름을 들었을 때 어떤 느낌이 드나요?

전○○: 똑똑하고 스마트한 느낌이 들어요.
강○○: 굉장히 빈틈이 없을 것 같다는 느낌이 듭니다.
김○○: '경'자를 생각했을 때는 딱 떨어지는 느낌은 들기는 하는데, '민'자가 부드럽게 끊어 낸다는 느낌, 외유내강의 느낌이 듭니다.

전○○: 완성된 느낌이 듭니다.

정○○: 깔끔한 느낌이 듭니다.

'황민경'이라는 이름은 뭔가 꽉 채워지는 느낌을 많이 받는 것으로 이야기했다. 이분은 금기가 강한 분으로 딱딱하면서 규율을 강조하는 느낌을 많이 가진 분이다. 지금은 수기대운의 인성대운을 보내면서 공부에 집중하면서 배움을 완성해 나가는 것에 집중하고 있다. 현재의 상황 및 앞으로 본인이 나아가고자 하는 방향과 이름이 주는 느낌이 상당히 부합하는 것으로 보인다.

❓ 질문 6.
'구다희'라는 이름을 들었을 때 어떤 느낌이 드나요?

전○○: 세련됐지만 좀 따뜻한 느낌이 들어요.

강○○: 듣는 순간에 굉장히 좀 밝고 명랑할 것 같은 느낌이 듭니다.

정○○: 부드럽고 다정한 느낌이 듭니다.

황○○: 군더더기 없이 깔끔한 느낌이 듭니다.

박○○: 뭔가 일에 대해서 전진을 하지만 그걸 모아 주는 느낌입니다.

김○○: 뭐든지 다 할 수 있을 것 같은 느낌이 듭니다.

이분의 원래 이름은 '현정'이었다. 토기와 금기의 에너지가 강한 사람인데, 현정이라는 이름은 토기와 금기를 더 강하게 하는 이름이다. 그래서 우울하고, 답답하고, 슬퍼하는 스타일로 살았다고 하는데, 개명을 통해 밝은 스타일로 변화된 삶을 살고 있다고 이야기를 하고 있다.

> **질문 7.**
> **'박소현'이라는 이름을 들었을 때 어떤 느낌이 드나요?**

강○○:	굉장히 귀엽게 느껴집니다.
김○○:	사랑스러운 느낌입니다.
정○○:	친근한 느낌입니다.
황○○:	사람들과 잘 어울리는 느낌입니다.
전○○:	여성스럽고 좀 여리여리한 느낌입니다.
박○○:	지금 선생님들이 말씀하신 게 제가 바뀐 에너지에요. 사실 그렇게 변한 거예요. 감사드립니다.

'박소현'이라는 이름은 부드럽고, 친근하고, 여성스러운 느낌을 많이 주는 것으로 이야기했다. 현재 이분의 성향도 이름에서 느껴지는 것과 다르지 않다. 그러나 이전의 모습은 행동 지향적이고 완벽주의 성향이 많았다고 한다. 그 이유는 수생목이 강성한 구조인데 금기가 강한 이름을 사용했기 때문이다. 하지만 새로운 이름을 사용하며, 금목상쟁으로 인해 완벽주의 기질이 나왔을 것으로 예상된다.

> **질문 8.**
> **'정대희'라는 이름을 들었을 때 어떤 느낌이 드나요?**

강○○:	굉장히 넓고 다양한 느낌이 들었어요.
김○○:	큰 느낌, 위대한 느낌입니다.
정○○:	큰 사랑의 느낌입니다.
황○○:	따뜻하고 포근한 느낌입니다.
박○○:	'다 되어야 돼'라는 느낌입니다.
전○○:	대범하고 뭔가 크게 번창하시는 느낌이에요.

> 여담으로 필자의 이름을 중국식으로 발음을 하면 '따시'가 된다. 따시라는 이름을 중국 사람에게 말했을 때 어떤 느낌인지, 몇 명에게 물어본 적이 있다. 거의 유사하게 한 10명 중에 한 7명이 똑같은 반응으로, 중국의 내시 이름이라고 받아들이는 것이었다. 이렇게 이름에는 문화적 차이와 또 인식의 차이가 존재한다. 그래서 어떤 사람의 이름이 굉장한 이미지를 좌우한다는 것을 알아 두어야 한다.

이름에는, 이름을 지어 준 사람이 이름의 주인공에게 어떠한 사람이 되기를 바란다는 의도가 그대로 반영이 되는 것이라 보면 된다. 그러므로 형식적으로 짓거나 의미 없이 지어서는 절대 안 된다. 필자가 이름을 지어 준 분들은 김다경 선생님, 정규림 선생님, 그다음에 황민경 선생님이 있다. 김다경 선생님에게는 밝고 쾌활하고, 어떻게 보면 야무지다는 느낌을 주고 싶었고, 그렇게 살아가기를 원했다. 뭔가에 휘둘리지 말고 자신의 삶은 자신이 개척한다는 마음으로, 그렇게 살아가기를 바라며 지었다. 정규림 선생님은 처음 봤을 때 날카로운 느낌을 많이 받았다. 뭔가 지적당할 것 같고, 잘못하면 막 혼낼 것 같은 이미지였다. 그래서 부드럽고 친근한 이름으로 상담가로서의 느낌을 줄 수 있는, 그런 느낌이 반영되면 좋겠다는 관점으로 이름을 지었다. 그리고 황민경 선생님은 말 그대로 학자, 선생님의 콘셉트로 이름을 지었다.

또한 이름에 따라서 역할도 달라지기도 하고 삶이 바뀌고 운영이 달라지기도 한다.

이름을 지을 때 주의해야 하는 것이 있는데, 이름이 놀림감이 되지 않도록 해야 한다는 것이다. 지금도 이런 경우는 흔하다. 예를 들어 정치인 중에 안철수라는 분이 있다. 이분은 이름 때문에 현재도 국민들의 놀림을 당하기도 한다. 옛날 교과서에 나오는 등장인물 중 철수와 영희가 있는데, 그래서 초기에 매스컴에 나왔을 때 '영희는 어디 갔니?'라고 하거나, 고집부릴 때면 '철수를 안 한다. 그래서 안철수'라고 하기도 하고, 단일화나 사퇴를 빈번히 하여 '매번 철수하나?'라고 말을 하기도 한다. 만약에 정치인으로서 안철수라는 이름보다 정치인으로써 적합한 이름이었다면 좋았을 것으로 보인다.

작명 시 고려할 요소에 대한 질의응답

> **질문 1.**
> 작명을 할 때는 많은 것을 고려해야 한다는 것을 알게 되었고, 또한 굉장히 섬세하고 신중하게 다가가야 한다는 생각이 들었습니다. 무엇보다 그 사람이 잘 되기를 바라는 마음, 기도하는 마음으로 이름을 지어야겠다는 생각 또한 들었습니다. 교수님이 제가 수기가 부족해서 표현하는 게 약할 수 있다고 하셨는데, 저도 그게 항상 고민이었거든요. 제 목소리를 내고, 전달하고, 의견을 내는 게 힘들다는 생각을 하면서 늘 보완하려고 생각을 하고 있었는데, 그 말씀을 하셔서 굉장히 놀라웠습니다. 또, 그 파동이라는 게 단지 소리뿐만이 아니고 컬러라든지, 이미지라든지, 그리고 사람이 생각하는 것도 하나의 파동이 될 수 있다는 것을 느꼈던 시간이었습니다. 그리고 조금 헷갈리는 부분이 있어서 질문을 드립니다. 예를 들어서 목기가 많은 사람이 있을 때 바람을 많이 받는 환경이나 산림 치유같이 나무가 많은 환경에서 일하는 것은 그 많은 목기를 더 부추기는 것이고, 배움이나 성장, 도전, 경쟁 같은 그런 일을 하는 것은 강성한 목기를 해소시키는 것으로 생각하면 되는지 궁금합니다.
>
> 정확하게 파악했습니다. 목기가 강한 사람들은 지금 말한 것처럼 산림 지역이라든지 나무가 많다든지, 산처럼 높은 곳을 오르락내리락하는 것은 별로 좋지가 않습니다. 왜냐하면 목기의 환경이 목기를 더 강하게 하기 때문입니다. 그러나 일할 때는 목기의 에너지가 필요한 일을 하게 되면 오히려 목기의 에너지를 해소하게 되어 더 좋습니다. 목기는 일을 빠르게 처리하는 힘이 있고, 새로운 것에 도전하고 성장을 지향하는 에너지이기 때문에 이런 분야에서 일하게 되면 일의 성과도 더 높아집니다.

❓ 질문 2.

목기는 색과 모양과도 관련이 있다고 하셨습니다. 그러면 색에 관련된 일을 한다거나 모양을 만드는 일을 하는 것도 그 에너지를 해소시키는 역할이 되는 건가요?

그렇습니다. 에너지를 소모하는 것으로 보면 됩니다. 그래서 직업적인 것은 에너지가 많은 걸 쓰는 게 좋습니다. 부족한 에너지는 그것을 채울 수 있는 음식을 먹는 것 등으로 보충하면서 관리를 해야 하고, 과한 에너지는 일을 통해 소모하는 것이 좋습니다.

❓ 질문 3.

이 공부를 하면서 스스로 부족한 부분을 많이 발견하는 시간이 되었습니다. 그래서 그것을 보완해야겠다는 생각을 많이 하게 됩니다. 말씀하신 것처럼 호를 만들어 적절하게 활용하면 좋겠다는 생각을 했고, 앞으로는 보완되어야 할 에너지를 항상 염두에 두어야겠다는 생각을 했습니다.

이분은 화기의 에너지가 강하면서 오화가 3개나 있습니다. 그러면 눈으로 보는 직관과 예술성, 시각적인 에너지를 보는 게 엄청나게 강한 분입니다. 그래서 그런 것들을 발휘할 수 있는 쪽에서 일하면 제일 좋을 것 같습니다.

❓ 질문 4.

이름을 짓는다는 것은 마치 한 사람의 인생 전반을 컨설팅하는 느낌이 듭니다. 한 사람의 인생을 더 발전하게 만들기도 하고, 잘못하면 그 사람의 에너지를 다운시킬 수도 있는 결과가 될 수 있다는 것을 알게 되었고, 그래서 더 큰 안목으로 살펴야겠다는 생각이 들었습니다.

중요한 관점입니다. 작명은 한 사람의 인생에 큰 영향력을 주기 때문에 굉장히 신중해야 하고, 많은 정성을 들여야 합니다. 이름을 짓는 것을 쉽게 생각한다면 큰 오산입니다. 그래서 작명소에서 5분 만에, 1시간 만에 이름을 짓는다는 것은 있을 수 없는 일이라 보면 됩니다.

❓ 질문 5.

작명을 한다는 것은 결국 사주의 오행적 흐름을 잘 읽어 내는 게 핵심인 것 같습니다. 지금까지 공부하면서 체질에 따른 식이에만 초점을 많이 둔 면이 많았습니다. 하지만 이렇게 파동에너지를 접하면서 주변의 모든 것들을 조금 더 포괄적으로 보는 시야를 가져야 한다는 걸 배웠습니다.

다양한 관점을 배우고 익히며 이해한다는 것은 또 다른 해석이나 해설을 할 수 있고, 더 넓은 식견을 가지면서, 학문의 깊이를 더하는 과정이라고 볼 수 있습니다. 다양한 시각과 관점으로 배움을 넓혀 가는 것은 아주 바람직한 모습이라고 할 수 있습니다.

Part 4
작명의 실제

1장
브랜드 작명의 실제

브랜드 작명의 실제: 임자일주(壬子日柱)

브랜드 작명 사업주의 에너지 구조	辛 丑		壬 子		庚 申		癸 卯	
	81 己 巳	71 戊 辰	61 丁 卯	51 丙 寅	41 乙 丑	31 甲 子	21 癸 亥	11 壬 戌	0.6 辛 酉

사업명 및 사업 내용	브랜드의 뜻과 에너지 구조
길가온 바리스타 교육 연구소 장애인 바리스타 교육 직업 적응 훈련 및 자립 생활	길가온: 길 가운데 (+木, +木, +土) 교육과 적응 훈련을 통하여 성장과 대인 관계의 교류 조절을 하여 안정되면서 발전된 확장성 의미
꼰띠고 카페&타로 운영	꼰띠고: 너랑 함께 너랑 같이 (+木, +火, +木) 시작의 출발점으로 역동적인 개척 정신과 더불어 성장과 발전을 의미
에일린 선천체질 심리 연구소 체질 상담법으로 음식을 통한 몸과 마음의 조화를 형성	에일린: 라틴어로 빛, 아름다움 (-土, +土, +火) 포용과 안정으로 관계 수용을 함으로써 관계가 회복되어 사람이 중심인 사회관계에서 모든 삶이 아름답게 빛남

위 사례는 사업 브랜드 기획에서 '장애인 바리스타 교육'을 만들었다. 중요한 것은 브랜드의 에너지 구조이다. '길가온'은 목기와 토기의 에너지이다. 사업주의 에너지가 구조에서 목기가 상당히 약한 편이라서 목기를 보강하기 위해서 상당히 노력한 흔적이 보인다. 그리고 보통 브랜드를 정할 때 발음을 길지 않게 한다. 그래서 보통 두 글자나 세 글자를 많이 쓴다.

다음 브랜드로 '꼰띠고'. 목기와 화기를 주로 사용해서 지었는데 발음이 좀 어렵게 느껴진다. '꼰띠고 카페'라고 할 때 브랜드명은 매력 있어 보인다. 커피나 차들은 목화의 기운이 많다. 그래서 목화의 기운에도 잘 어울리는 느낌을 주는 이름이다. 마지막으로 '에일린'으로 화생토가 강한 이름을 지었다.

이렇게 세 가지 브랜드의 공통점은 세 글자로 만들었고, 자신의 부족한 에너지를 보완했다는 점이다. 아쉬움이 있다면 '꼰띠고'가 발음이 좀 어렵게 느껴지는 점이다. 발음이 부드럽게 되면서 인식이 잘 되는 것도 중요하다. 장점이라고 하면 발음은 힘들지만, 기억에는 남을 수 있는 이름 같다는 생각도 든다. '에일린' 같은 경우에는 부드럽고 편안한 이름이다. 말 그대로 화생토라는, 따뜻함이 그대로 느껴지는 이름이다. 그다음에 '길가온'의 이름은 목극토, 즉 안정감을 느끼게 해 주는 그런 부분도 있다.

브랜드 작명의 실제: 신사일주(辛巳日柱)

사업주의 에너지 구조									
	庚		辛		甲		癸		
	寅		巳		寅		亥		
	84	74	64	54	44	34	24	14	4.0
	癸	丁	辛	庚	己	戊	丁	丙	乙
	亥	戌	酉	申	未	午	巳	辰	卯

사업명 및 사업 내용	브랜드의 뜻과 에너지 구조
"자연주의" 이로운집 개인 맞춤 통합 테라피	利(이): 이롭다, 삶을 이롭게 하다 集(집): 모으다, 좋은 사람들이 모이다 이로운집 Erounzip 통합적 관점의 개인맞춤 테라피를 제공합니다. (푸드/아로마/컬러/요가 명상)

(+)	(+)	(-)	(+)	火 발전 개발
土	火	土	金	土 교류 조율
		火	水	金 원칙 규칙
이	로	운	집	선택과 다짐
2	5	4	6	합의와 배려
(-)	(+)	(-)	(-)	
火	土	金	水	

사업명 및 사업 내용	브랜드의 뜻과 에너지 구조
"향기로운" 세이지유 개인 맞춤 아로마 테라피	sage: 약용 식물 '건강하다', '치료하다', '구조하다'는 뜻을 가진다 세이지유 Sage you: 당신을 구하다 당신을 건강하게 만들어 줄, 오직 당신을 위한 맞춤 아로마 테라피를 제공합니다.

(-)(+)	(+)	(+)	(-)	土 교류 조율
金	土	金	土	金 원칙 규칙
세	이	지	유	합의와 배려
5	2	3	4	
(+)	(-)	(+)	(-)	
土	火	木	金	

"푸드닥터" 이로운 센스 선천체질 심리상담 푸드 테라피	利(이): 이롭다, 삶을 이롭게 하다 Sence: 감각, 분별, 판단, 적합한 이로운 센스 Eroun sence 당신의 체질과 심리에 맞는 맞춤형 푸드 테라피를 제공합니다.						
	(+)	(+)	(-)	(-)(+)	(-)	火 발전 개발
	土	火	土	金	金	土 교류 조율
			火	火		金 원칙 규칙
	이	로	운	센	스	선택과 다짐
	2	5	4	6	3	합의와 배려
	(-)	(+)	(-)	(-)	(+)	

브랜드명을 보면 '자연주의 이로운집'으로 지었다. 에너지적으로 화토금수, 즉 목기만 빼놓고 지었다. 다음으로 '향기로운 세이지유'는 토화목금, 이렇게 돼 있는데 파동에너지가 아니라 수리학적으로 표시를 했다. 다음으로 '푸드닥터 이로운 센스'로 지었는데 대체로 잘 지은 듯하다. 그런데 브랜드 이름이 좀 길다는 게 좀 단점이 될 수 있겠다. 브랜드는 되도록 짧을수록 좋다. 함축적으로 한 단어로 표현하는 말을 찾으면 좋을 듯하다.

브랜드 작명의 실제: 을유일주(乙酉日柱)

브랜드 작명 사업주의 에너지 구조									
		辛 巳		乙 酉		戊 午		癸 丑	
	86	76	66	56	46	36	26	16	6.3
	丁 卯	丙 寅	乙 丑	甲 子	癸 亥	壬 戌	辛 酉	庚 申	己 未

사업명 및 사업 내용	브랜드의 뜻과 에너지 구조
약식(藥食) 선천체질심리상담소 선천체질심리상담 및 교육	**약식(+토~+금)** : 관계를 형성하여 결단을 내려 주는 것 **선천체질심리상담소(-+金, -+火)** : 신중하고, 섬세하고, 정리하고, 판단하면서 마음을 공감하고, 감정을 표현해주는 것
휴먼디자이닝 연구소 명리의학 및 음식치료 연구소	**휴먼(-土~+水)** : 사람에 대한 지식 **디자이닝(+火~+金~+土~+火)** : 사람을 기준(土)으로 하고, 사람에 관한 것을 확장(火)시켜 일정한 틀(金)을 만드는 일 **연구소(-土~-木~+金)** : 확장시킨 것을 포섭(土)하여 하나의 체계를 만든 것(金)을 새롭게 추진(木)해 나가는 일

퍼스널 휴먼디자이닝 프로그램 자기 경영에 관한 프로그램 운영	**퍼스널(-水~-金~-火)** : 개인의 독특성(金)에 대한 정보를 수집(水)하여 확장(火)시키는 일 **휴먼디자이닝(-土~+水~+火~+金~+土~+火)** : 사람을 기준(土)으로 하고, 사람에 관한 것을 확장(火)시켜 일정한 틀(金)을 만드는 일 **프로그램(-水~+火~-木~+火)** : 계획한 것(水)을 실행(木)하여 확장(火)시키는 일

 에너지 구조에서 화극금이 강한 분이다. '약식'의 토기와 금기를 넣겠다고 했고, '선천체질심리상담소'는 금화의 에너지인데 본인이 가지고 있는 에너지를 그대로 사용했다. 상당히 고전적으로 보인다. 정해진 틀 안에 있겠다는 느낌이다. 금기가 강한 사람의 특징이라 볼 수 있다. 다음으로 '휴먼디자이닝 연구소'라고 했는데, '휴먼'이라는 글자는 앞에 붙기 때문에 부각이 되는 동시에 토기와 수기의 에너지이다. 본인이 약한 부분이 토기와 수기이기 때문에 보완이 될 수 있다고 보인다. 다음으로 '퍼스널휴먼 디자이닝'이라고 했는데 말이 어렵게 느껴진다. 학구적인 느낌이 많이 난다. 전체적으로 보면 상업적인 브랜드라기보다는 연구소, 또는 학구적인 브랜드라는 느낌이 든다. 모든 것에는 자신의 심리가 그대로 반영이 된다. 이처럼 직접 작명을 해 보면 작명의 수고로움과 어려움, 고뇌를 느낄 수 있다.

2장
호(號) 작명의 실제

작명을 배우는 분들이 직접 자신의 호(號)를 작명하고 이를 발표한 자료를 기반으로, 호 작명에서 고려해야 할 요소들에 대해 설명하고자 한다.

호 작명의 실제: 을유일주

> **호 작명**
>
> 저는 사주원국에서 화기와 금기가 강성한 것에 비해 수기와 토기가 부족합니다. 지금 수기대운에서 수기가 들어오고 있는 상태지만 부족하다고 할 수 있고, 토기는 무토가 있지만 화기로 흐르는 구조라서 토기도 상당히 부족합니다. 저의 이름은 '민경'으로 수생목이 강한 구조로, 수기와 목기는 보충하고 있으나 토기가 계속 부족한 형국이라서 토기를 보완해야 한다는 생각을 했습니다. 그리고 제가 관계적으로 유연하지 못한 면이 있어서 좀 더 편안하게 사람들과 관계하고 싶은 마음이 있습니다. 또한, 금기가 강하다 보니 딱딱한 인상이 있어서 사람들에게 좀 더 편안한 인상을 주고 싶은 마음을 가지고 있습니다. 그리고 제 자신에게 사람들과 어떤 관계를 맺고 싶은가에 대해 질문해 봤을 때 '연결시킨다'는 의미가 많이 떠올랐습니다. 연결하는 느낌, 그리고 편안하면서도 필요한 것을 줄 수 있는 그런 관계를 생각하는 의미에서 토기 위주로 호를 지어 봤습니다.

연의 황민경 連義 황민경

73.6.18.(+) 50세, 여

	辛	乙	戊	癸	
	巳	酉	午	丑	
86	76	66	56	46	36	26	16	6.3
丁	丙	乙	甲	癸	壬	辛	庚	己
卯	寅	丑	子	亥	戌	酉	申	未

사주구조	화극금 강성, 토기 탈진, 수기 부족
운세의 흐름	현재 수기대운 앞으로 20년 이상 지속 수기대운 이후 목기대운으로 수생목으로 흐름
현재 이름	황민경 ⇒ 수생목이 강한 이름 황(양토), 민(양수+화), 경(음옥+토)
보완할 에너지	토기
하고자 하는 일	선천체질학문을 사람들에게 연결해 주는 일

나의 호(號)	연이(連理)
의미	자연의 이치를 사람들에게 연결시켜 주는 일
담고자 하는 의미	사람들과의 관계에서 내가 우위에 서는 것도 아니고, 아래에서 굴복하는 것도 아니면서 그 관계에서 할 수 있는 것들에 최선을 다할 수 있는 사람이 되는 것. 또는 그런 사람으로 받아들여지기를 바람.

전체적인 사주 구조를 보면 화극금이 강하고, 화기와 금기가 주력으로 되어 있으면서 운세는 갑자(甲子) 운세부터 갈수록 목기가 성해지는 구조로 되어 있다. 그래서 그걸 파악해서 토기 위주로 호를 만든 것 같다. 조금 아쉬운 것은 호(號)라는 것은 매년 바꿀 수도 있고, 혹은 몇 년 만에 바꿀 수도 있고, 상황에 따라 유연하게 바꿔서 부를 수도 있기에 현재 나에게 부족한 것을 채우는 쪽으로 하는 게 제일 좋다. 이름은 장기적인 안목으로 지어야 하지만 호는 유연성을 좀 가지는 것이 좋다.

전체적으로 봤을 때, 현재 상태에서는 목기와 토기가 약하기 때문에 목기와 토기로 호를 지었으면 하는 약간의 아쉬움이 있다. 그래서 목기와 토기를 함께 넣는 것으로 보완을 하면 좋을 것 같다. 그리고 자기의 이미지와도 매칭이 되는지 그리고 다른 사람들이 불렀을 때 어색하지 않은 글자를 쓰는 게 가장 좋다. 한자의 뜻도 마찬가지이다.

어쨌든 지금은 목기와 토기를 조금 보완하는 형태의 호를 사용하고, 나중에 을축(乙丑)대운에서는 토기가 들어오니 목기를 중심으로 하는 것도 좋을 것 같다. 그리고 축토(丑土)가 들어와도 유축금(酉丑金)이 되어 금기로 바뀌게 되니 그것도 고려해서 호를 지었으면 한다. 무엇보다 금기의 강성함이 목기를 상당히 괴롭히는 구조이기 때문에 목기를 중심으로 하면서, 나머지를 보완하여 붙이는 구조의 형태로 하면 더 나을 것으로 보인다.

호 작명의 실제: 계축일주

> ### 호 작명
>
> 저는 화기가 굉장히 몰려 있는 상태입니다. 그래서 토생금 위주로 호를 만들어 봤습니다. '하정'의 '하(河)'에 삼수변(氵)이 들어가는데, 수기가 전혀 없는 사주 구조에서 수기를 보완하는 생각으로 지어 봤습니다.

하정 강병구 河情 강병구

54.6.26.(+) 남

戊	癸	庚	甲
午	丑	午	午

84	74	64	54	44	34	24	14	4.0
己	戊	丁	丙	乙	甲	癸	壬	辛
卯	寅	丑	子	亥	戌	酉	申	未

사주구조	화기 과다, 토기 부족, 금기 수기 부족
운세의 흐름	토대운 앞으로 15년 지속
현재 이름	강병구 ⇒ 목+토+목 강(양목), 병(음수+토), 구(음옥)
보완할 에너지	토 금 수기
하고자 하는 일	선천체질 심리 상담과 작명소

나의 호(號)	하정(하정) 토생금
담고자 하는 의미	모든 사람들에게 사랑하는 마음과 진심이 물 흐르듯 전해지기를 바람.

실제 외모에서 풍기는 느낌은 듬직하고, 무게도 있고, 또 목소리도 굵으므로

여성스러운 느낌의 호보다는 듬직한 느낌의 호를 쓰는 게 나을 것 같다. 참고로 한문을 봤을 때 삼수변(氵)이 들어가 있는 것은 좋지만, 정(情)에는 심방변(忄)이 붙어 있는데 이는 불의 개념이다. 그래서 '정'을 쓰더라도 불의 개념이 없는 글자를 쓰는 게 낫다. 그리고 지금 토생금의 형태로 호를 만들었는데, '강병구'라는 이름의 끄트머리에 목기가 살아 있어서 그렇게 지은 것처럼 보인다. 그런데 정축대운을 바라봤을 때는 축토 두 개가 연합되어 있는 상태이기 때문에 약간은 수기와 목기 위주로 짓는 것도 나쁘지 않다. 그리고 호는 현재 하는 일과도 관련이 깊다. 만약에 사람들을 많이 상대하는 일이라면 토기를 좀 넣는 게 좋지만 어떤 일을 기획하는 일을 주로 하는 일이라면 수기를 넣는 게 좋고, 또 뭔가 성장하는 일이라면 목기를 넣는 것도 좋다. 그런 부분들도 보완하면 좀 더 좋은 호가 될 것이다.

호 작명의 실제: 신사일주

호 작명

저는 수생목이 강성하고 금기가 약하고 토기가 없습니다. 그래서 토금을 보충하는 에너지의 호를 지으려고 했는데, 저번 시간에 교수님께서 수를 조금 보강하면 좋을 것 같다고 말씀을 해 주셨습니다. 제가 무오(戊午) 대운인데, 무토가 무계합화(戊癸合火)가 되어서 목생화가 더 강해지는 것 같습니다. 그래서 수기를 꼭 넣었으면 좋겠다고 생각을 했는데 수기와 토기를 넣을지, 수기와 금기를 넣을지 고민을 했습니다. 수기와 토기를 넣으면 극하는 관계가 되는 것 같고, 수기, 화기, 금기를 조금 생하는 면도 생각하고, 앞으로 토대운이 오기 때문에 금기를 먼저 넣어 3개를 지어 봤습니다. 한편으로는 저의 이름이 금기가 강한 이름이라서 오히려 토기를 보완하는 측면에서 '문향'이나 '문연', '문안' 쪽으로도 생각은 해 봤습니다.

문선 전서윤 문정 전서윤 문성 전서윤

83.2.22.(+) 40세, 여

		겁재	본원	정재	식신
		庚	辛	甲	癸
		寅	巳	寅	亥
		정재	정관	정재	상관

74	64	54	44	34	24	14	4
상관	비견	겁재	편인	정인	편관	정관	편재
壬	辛	庚	己	戊	丁	丙	乙
戌	酉	申	未	午	巳	辰	卯
정인	비견	겁재	편인	편관	정관	정인	편재

사주구조	목 강성, 금기 탈진, 토기 부족
운세의 흐름	현재 화토대운, 앞으로 15년 정도 지속 토기대운 이후 금기대운으로 흐름
현재 이름	전서윤 ⇒ 토금이 강한 이름 전(음금+화), 서(음금), 윤(음토+화)
보완할 에너지	토기대운이라 금기와 수기 보완이 필요
하고자 하는 일	개인 맞춤 아로마 테라피 연구소

나의 호(號)	파동 에너지	의미	담고자 하는 의미
문선(捫禪)	문(-수, +화), 선(-금, +화)	진리와 지혜를 탐구하고 사람들의 마음을 어루만진다	내담자의 몸과 마음을 어루만지고 지혜로운 솔루션을 제공한다.
문정(問禎)	문(-수, +화), 정(-금, +토)	복되고 길한 것을 묻는다	내담자의 부족한 면보다는 보완해 줄 수 있는 칭찬의 메시지로 소통하고 지혜로운 솔루션을 제공한다.
문성(問誠)	문(-수, +화), 선(-금, +토)	정성스럽게 묻는다	내담자와의 소통에 정성을 다하고 지혜로운 솔루션을 제공한다.

사주 구조를 보면 목생화의 구조가 굉장히 강성하다. 어떻게 보면 수생목에서 목생화로 흐르는 힘이 강한 구조이자 토기와 금기가 약한 구조다. 이름에서 금기에 대한 부분은 많이 보완되어 있다. 그리고 '문선'은 수기와 금기의 기운이다. 물론 기미(己未) 대운이 왔을 때는 좀 달라지겠지만 토기를 좀 더 넣었으면 더 나을 것 같은 생각이 든다. 이후에 20년 동안 금의 대운이 오기 때문에 그 대운에서는 금기의 호는 적합하지 않다. 지금은 무오(戊午)대운이라서 화기가 강성해지는 시기라서 현재에서는 '문선'이라는 호도 그다지 나쁘진 않은 것으로 보인다. 다만 아쉬운 것은, 토기가 약해지는 것을 어떻게 보완할 것인가를 좀 더 고민하면 좋겠다. 그리고 이름에서 '윤'자가 화생토를 얼마나 보완해 줄 수 있을지에 대해 생각해야 하고, 현재의 구조에서 금기와 토기를 위주로 호를 지었으면 조금 더 나을 수 있다는 생각도 든다. 올해가 임인년(壬寅年)이기 때문

에 목기의 강성함이 있고, 무오대운에서 임인년이면 화기로 흐르는 힘도 강하기 때문에, 토기를 조금 보완해서 토생금으로 했으면 더 보완될 것으로 보인다. 그리고 하고자 하는 일이 사람들과의 관계성을 이루는 쪽이라서 토기가 좀 보완이 되면 사람들과의 유대 관계가 더 부드럽게 이루어지지 않을까 하는 생각도 든다. 그렇게 다방면으로 고민을 해 보고 보완을 하면 더 좋겠다.

호 작명의 실제: 무술일주

호 작명

저는 토기와 금기가 강성한 구조입니다. 지금은 수대운에 있지만 수기를 좀 더 보충을 해야 될 것 같아서 수기를 넣었고, 현재 하고 있는 일을 고려했을 때는 목화의 기운이 더 필요할 것 같아서 목화 위주로 지어 봤습니다. 그리고 '고담'의 호를 불러 봤을 때 부드럽게 표현이 되는 것 같고, 감정의 표현도 부드럽게 할 수 있을 것 같은 느낌이 있어서 이렇게 지어 봤습니다.

고담 김다경 枯淡 김다경

81.6.18.(+) 42세, 너

癸	戊	乙	辛
丑	戌	未	酉

86	76	66	56	46	36	26	16	6.3
甲	癸	壬	辛	庚	己	戊	丁	丙
辰	卯	寅	丑	子	亥	戌	酉	申

사주구조	토금 강성, 수기 부족, 목기 부족, 화기 존재는 하나 발휘가 안 됨
운세의 흐름	현재 수기대운, 앞으로 30년 정도 지속 수기대운으로 보충되기 때문에 목생화의 에너지 흐름이 필요
현재 이름	김다경 ⇒ 목생화의 에너지를 넣은 이름 김(양목+수), 다(양화), 경(음목+토)
보완할 에너지	목기, 화기
하고자 하는 일	선천체질학문으로 사람들의 건강을 관리해 주는 일

나의 호(號)	고담(枯淡)
의미	상대방을 높여 그가 하고 있는 '말'을 듣는 일
담고자 하는 의미	상대방을 높여 그가 하고 있는 말을 경청하여 선천체질의 뜻을 높여 바르며 건강을 지킬 수 있도록 따뜻한 말을 해 줄 수 있는 상담가가 되길 희망함.

지금 호를 보면 목생화의 흐름이면서 끝에 수기를 살짝 보완했다. 조금 아쉬운 것은 현재는 토기와 금기가 강하면서 수기가 상당히 약한 구조이다. 수생목, 목생화로 흐르는 힘 중에서 수생목이 제일 약한 구조이다. 현재의 이름을 보면 화생토를 약간 넣어 보완했지만, 일단은 수생목으로 지어 주는 게 더 나을 것 같다. 그리고 한자를 고를 때 담(淡)은 잘못 넣으신 것 같은데 그 부분을 좀 보완하는 게 좋겠다. 그리고 경자(庚子) 대운 이후에는 수기가 들어오기 때문에, 그때는 다른 호로 바꾸어 사용하면 되고, 또 이후에 목기가 들어올 때는 그에 맞게 호를 다시 사용하면 된다. 전체적으로 봤을 때는 유금(酉金)이 술토(戌土)와 축토(丑土)와 합을 해서 금기도 강해지는 반면, 未월생이기 때문에 화기도 만만치 않게 많다. 그래서 토기와 화기와 금기로 구성된 사주 구조이기 때문에 근본적으로는 수생목의 구조로 호를 짓는 것이 가장 좋다고 본다. 그리고 수생목은 본인의 입장에서는 재성, 돈에 해당한다. 돈을 벌고 싶으면 수생목의 호를 쓰는 게 좋다.

호 작명의 실제: 임자일주

호 작명

저는 금수가 강하고 토기가 없다 보니 관계에 대한 고민을 많이 하게 됩니다. 사람들과의 관계를 좀 더 편안하게 하고 싶은 마음에서 '이안'이라고 지었습니다. 여러 가지를 생각해 보면서, 특히 부르기 쉽고 또 의미까지 좋은 것을 찾으려고 고민도 많이 했습니다. 특히 70대에는 신자진수국(申子辰水局)이 되면서 토기도 오는데, 대운에 맞춰 바꿀 생각을 하면서 지금은 토기로 지어 봤습니다.

이안 정규림 利安 정규림

63.9.6.(+) 60세, 여

辛	壬	庚	癸
丑	子	申	卯

81	71	61	51	41	31	21	11	0.6
己	戊	丁	丙	乙	甲	癸	壬	辛
巳	辰	卯	寅	丑	子	亥	戌	酉

사주구조	금수 강성, 화기 무존재, 목기고립, 화기 존재는 하나 발휘가 안 됨
운세의 흐름	현재 화기대운, 20년 병화대운 丙辛合水로 수기 변화로 흐르고 있음 70세 토기 대운 甲子를 수국으로 됨
현재 이름	정규림 ⇒ 목생화가 강한 이름 정(음금), 규(음목), 림(양화+수)
보완할 에너지	토기
하고자 하는 일	선천체질학문과 관련된 사람들의 선상 회복과 안녕을 추구

나의 호(號)	**이안(利安)**
의미	이안(이로울 리(利) 편안할 안(安))
담고자 하는 의미	독이 되는 섭생이 아닌 이로운 체질식으로 편안해지는 마음과 사회에서 관계형성이 지속적으로 모든 것이 이루어지고 재물 또한 여유로워 마음이 편해지는 의미가 담겨 있습니다.

병인(丙寅)대운이나 정미(丁未)대운은 이 사주에서는 호시절에 해당한다. 가

장 부족한 목생화는 지금의 운세로 받쳐 주고 있기에, 일단은 토기가 부족한 부분이 있다. 그래서 토기를 채우려고 하는 부분은 맞다. 그러나 단순히 토기로만 호를 짓는 것보다는 화생토의 개념으로 짓는 게 훨씬 더 나을 것으로 여겨진다. 또 한 가지는 '이안'의 '이'는 '리'자로도 발음이 된다. 그래서 '리안'이라고 해도 좋을 것 같다. 그런 부분들도 조금 더 생각해서 달랑 토기만 넣은 것보다 화기가 받쳐 주는 구조로 넣는 게 좋겠다. 특히 음화의 이름을 좀 넣는 게 도움이 되겠다. 왜냐면 병인(丙寅)대운에서 병화와 인목이 연합하여 정화가 약해지는 구조이기 때문에 건강상에도 음화를 보완하는 게 바람직하게 보인다. 에너지 구조가 쏠려 있어 늘 건강에 대한 두려움이 있을 수밖에 없는 구조이다. 그러면서도 임자일주는 자기 몸을 적극적으로 관리하는 구조가 아니라 늘 일이 우선순위가 되기 때문에 화생토의 구조로 하되 음화를 중심으로 해서 조금 만들어 보면 좋지 않겠는가 하는 생각이 든다. 예를 들자면 '리어'라든지 '이루'나 '루이'라든지 음화를 상징하는 글자를 한번 생각해 보면 더 좋을 것 같다.

호 작명의 실제: 갑진일주

> **호 작명**
>
> 저는 한자로는 많을 다(多)와 따뜻할 온(溫)입니다. 제가 수생목이 강성해서 화기를 보완해야 하는 면이 있습니다. 현재 '도윤'이라는 화생토의 호를 사용하고 있지만, 호를 공부하면서 제 나름대로 다시 만들어 보았습니다. 제가 호에서 담고자 하는 의미는 '보살피는 부드러운 조력자의 역할'입니다. 그래서 '다온'이라는 이름을 지었습니다. 교수님께서 '라온'이라는 이름의 큰 회사가 있다고 하셨는데 저는 저의 직감으로 그렇게 지어 봤습니다.

라온 박소현 다온 박소현

68.3.7.(+) 55세, 여

	丁		甲		乙		戊	
	卯		辰		卯		申	
90	80	70	60	50	40	30	20	10.0
丙	丁	戊	己	庚	辛	壬	癸	甲
午	未	申	酉	戌	亥	子	丑	寅

사주구조	목기 강성
운세의 흐름	목기 강성인 구조에서 수기대운을 지나왔고, 현재 그리고 앞으로 30년 토생금의 대운을 맞이하고 있음.
현재 이름	박소현 ⇒ 토금 강한 이름 소(+금), 현(-토)
보완할 에너지	화기
하고자 하는 일	상담가, 조력가

나의 호(號)	다온, 라온
의미	**다온**: 모든 좋은 일이 다 온다. / **라온**: '즐거운'의 순수 우리말
담고자 하는 의미	어려움에 처한 사람들이 나에게로 오면 상담을 통해 치유되어 윤택한 삶을 살아가길 바라는 마음/ 온화한 성품으로 사람들을 보살피는 부드러운 조력자 역할

순수한 우리말로 호를 지은 예이다. 사주 구조를 보면 목기가 엄청나게 강성이면서 신금(申金)과 진토(辰土)는 자수(子水)가 들어올 때마다 신자신수국이 되어 수생목이 더 강성해지는 구조이다. 그래서 30세 임자(壬子)대운 때는 엄청나게 힘들었을 것으로 보인다. 그런 이유로 에너지의 변화가 엄청나게 큰 구조이다. 지금은 경술(庚戌) 대운인데 묘술화(卯戌火)가 문득문득 생겨서 열이 확 오르는 경향은 있어도 전체적인 구조는 목기가 굉장히 세기 때문에 목기의 에너지를 조금 분산시킬 필요가 있다. 그리고 목기가 강성하면 강성할수록 토기가 무너지는 경향이 있다. 그리고 금기는 이름에서 어느 정도 보완을 하고 있어서 화생토의 호를 쓰시는 것이 가장 바람직하다. 그래야 본인이 풍요로움을 끌고 갈 수가 있다. 나무의 입장에서는 땅이 풍요의 상징이다. 목기의 입장에서는 땅

이 탄탄해야 좋으므로 화생토로 짓는 게 가장 바람직할 것으로 보인다.

호 작명의 실제: 정묘일주

> **호 작명**
>
> 저는 목생화와 화생토가 강성하고 '남궁'이라는 성 자체가 목생화의 에너지라서 이름은 토생금의 에너지로 보완하는 '선아'로 지었습니다. 그리고 제가 자시생(子時生)이라 정묘(丁卯)와 병인(丙寅)의 두 가지 일주를 왔다 갔다 하기 때문에 거의 양팔통에 가깝다고 생각을 해서 이름을 홀수인 세 글자보다 짝수인 네 글자로 지었습니다. 처음에는 호를 세 글자로 생각했다가 두 글자로 지었고, 이름의 '선아'에 맞추어 '설원'으로 지어 봤습니다. 그래서 이름과 마찬가지로 저에게 부족한 토생금의 에너지로 보완하려고 했습니다. 호에 대한 저의 철학도, 호는 부르기도 좋아야 하고, 불렀을 때 이미지적인 느낌도 중요하다고 생각했습니다. 그래서 자연이나 고향의 이름을 호로 넣는 분들도 계셨는데, 저는 흰 눈이 쌓인 땅, 처음의 느낌 등이 제가 지향하는 이미지와도 맞아서 그렇게 지어 봤습니다. 제가 토생금이 부족한데 색깔로 보자면 흰색과 노란색입니다. 눈이라는 것은 색깔로는 금기의 상징이 되고 또 눈이 쌓이는 곳이 땅의 토기이기도 해서 토생금의 느낌으로 생각했습니다. 앞으로 수대운을 거쳐서 호를 바꿀 수도 있지만, 현재는 수기가 왕성하나 나중에는 다 토기와 금기로 바뀌는 것을 염두에 두었습니다. 그리고 이 토생금의 에너지는 눈이 쌓여서 언젠가 녹아서 수기처럼 스며들 텐데, 수기는 저에게는 가치관의 자리, 결과의 자리이다 보니 완성, 완결하고자 마음으로 연결시켜서 이렇게 지어 봤습니다.

설원(雪原) 남궁선아

남궁선아 (양) 1978년 05월 04일, 23시 52분(-30)					사주구조	목생화. 화생토 강성, 무존재: 음토, 음금
(45세) (음) 1978년 03월 27일					운세의 흐름	현재 수기 대운, 앞으로 20년 이상 지속 수기대운 이후 토생금으로 흐름
시주	일주		월주	년주	현재 이름	남궁 ⇒ 목생화 / 선아 ⇒ 토생금
정재	일간(나)		겁재	상관	보완할 에너지	토생금(수기는 대운으로 보완)
庚	丁		丙	戊	하고자 하는 일	영성과 과학, 명리학을 연결하여 인류 의식진화를 위해 공헌하는 일
子	卯		辰	午		
편관	편인		상관	비견		

대운(대운수: 10, 역행)

90	80	70	60	50	40	30	20	10
비견	상관	식신	정재	편재	정관	편관	정인	편인
丁	戊	己	庚	辛	壬	癸	甲	乙
未	申	酉	戌	亥	子	丑	寅	卯
식신	정재	편재	상관	정관	편관	식신	정인	편인

나의 호(號)	설원(雪原)
의미	순수, 새로운 길(아무도 가지 않은 길), 무한대의 양자장
담고자 하는 의미	눈은 흰색으로 금기를 대표하는 색상, 오행으로는 수기를 상징하며, 시작, 가능성, 잉태를 상징한다. 새로움, 설레임, 무한한 잠재력, 가능성으로 만물과 통하는 이치를 깨닫고 전하고자 함

눈이 내리는 것 자체는 금기가 맞지만 쌓여 있는 눈은 수기를 상징한다. 가만히 있는 것들은 수기를 상징한다. 그리고 눈 설(雪)자는 차가움을 상징한다. 자진수(子辰水)가 있는 사람의 입장에서는 더 차가워질 수 있고, 임자 대운에서는 금기가 수기로 이전한다는 개념으로 봤을 때, 이 점도 조금 고려를 해야 한다. 또한 사주 구조에서 약간 애매한 부분이 있다. 예를 들어 자시에 태어났기 때문에 병인일주인가, 아니면 정묘일주인가 하는 점이 약간 헷갈리는 구조이다. 하지만 그런 부분들을 전체적으로 고려해도, 임자 대운에서 쓸 수 있는 가장 좋은 에너지는 어쨌든 토기가 중심이 되어야 한다는 건 확실하다. 그리고 정화와 병화, 오화가 사주 구조에 있지만, 실제적으로는 자시생이라 엄청나게 센 화기라고 볼 수도 없다. 그냥 온화한 정도의 에너지라고 생각하면 된다. 더구나 임자 대운이기 때문에 이 화기가 죽어 나가는 형태라 볼 수도 있다. 그래서 호는 화생토로 했으면 더 좋지 않았나 하는 생각을 한다. 그래서 지금은 화생토의 호를 사용하고, 이후에 임자 대운을 지나고 나서 다시 호를 생각해 보는 것도 좋을

것 같다. 일단 현재는 강력한 차가운 계절의 중심에 있으므로 그걸 보완하는 방향으로 호를 생각하는 게 좋을 것 같다.

작명 시 고려할 사항들

작명의 과정은 머리에 쥐가 날 정도로 여러 가지 것들을 고려해야 하므로 결코 쉬운 일이 아니다. 쉬운 듯 보이지만 결코 쉬운 게 아닌 것이 곧 작명이기도 하다. 그래서 작명의 원리를 잘 파악하고 그 원리에 맞추어 작명하는 연습이 필요하다. 주변 사람들의 이름이 그 사람의 에너지와 적합한지를 보거나 심지어 가게의 간판을 보면서도 어울리는 간판인지 아닌지도 생각해 보는 그런 연습 및 과정이 필요하다. 물론 고려해야 할 요소들로 직업적인 요소나 생활 환경적인 요소 등 더 자세하게 고려를 해야 하는 면도 있다.

특히, 누군가의 작명을 하거나 호를 지을 때 주변인들의 이름 특히 가족들의 이름을 파악하는 게 중요하다. 부모, 조부모, 사촌들의 이름도 확인해야 한다. 그래야 이름이 서로 겹치지 않기 때문이다. 그리고 돌림자가 있는지 없는지도 확인해야 한다. 돌림자는 포털 사이트에 검색해 보아도 쉽게 확인할 수 있다. 요즘은 돌림자를 잘 안 쓰지만 그래도 돌림자를 중요시하는 분들이 아직 있다. 그래서 그런 부분들도 있는지 확인해서 이름을 지어야 한다. 돌림자는 한문이 지정되어 있으므로 그걸 정확하게 알고 획수도 맞춰야 한다. 획수는 홀·짝·홀 또는 짝·홀·짝의 순서로 맞추면 된다.

그래서 전체적인 획수의 합이 짝·짝·짝, 아니면 홀·홀·홀, 아니면 홀·홀·짝과 같은 이런 것들은 별로 좋지 않다. 그래서 홀·짝·홀, 또는 짝·홀·짝, 이런 식으로 넘어가게 획수를 조정하는 것이 좋다. 또 한 가지는, 만약에 가운데 글자가 돌림자인데, 성과 돌림자가 짝·짝, 또는 홀·홀인 경우가 있다. 그때는 짝·짝인 경우에는 홀수의 획수를 선택하면 되고 홀·홀로 되어 있는 경우에는 짝으로 맞춰 주면 된다. 이전에 언급했지만 삼수변(氵), 혹은 수화(水火), 쇠 금(金)의 부수 등 조합되는 글자들이 어떠한 에너지인가도 고려해야 한다. 부수로 나무 목(木)자가 붙어 있거나, 불 화(火)자가 붙어 있거나, 흙 토(土)의 글자가 붙어 있는 등 다양하다.

그리고 그 붙어 있는 부수가 어떠한 의미를 내포하고 있는가도 살펴볼 필요가 있다. 포털 사이트에 검색해 보면 그 글자의 유래와, 글자의 조합에 대한 태생적 배경 등이 나온다. 그런 것들을 참고로 하면서 단어의 의미나 어원을 확인해 보는 것도 좋다.

특히 어원이라든지 단어적인 측면에서 주의해야 하는 부분이 있다. 예를 들어서 '설원'이라는 단어가 있다면 그 단어는 피하는 게 좋다. 예를 들어 '만추', 또는 '동해', '남해' 등 이런 식으로 단어의 의미를 써서 호를 쓰는 사람도 있지만, 특별한 경우 외에는 웬만하면 특정한 단어가 아닌 것으로 쓰는 게 기본이다.

그다음에 의미를 부여해서 호를 사용하는 경우에는 어떤 특정한 지방이라든지, 아니면 특정한 지역에서 배출된 인물, 산 또는 바다, 이런 것을 부여하는 경우가 있다. 예를 들어 수기가 부족한 사람이 '남해'라든지 '북해', '서해'라는 식으로 썼을 때는 도움이 될 수 있다. 특히나 차가운 에너지를 원한다면 '북해'라고 쓰게 되면 더 좋을 수 있다. 이처럼 파동적인 것도 있지만 사람들이 의미를 부여해서 느끼는 것도 분명히 존재하기도 한다. 그러나, 그 의미가 적합하게 부합되었을 때는 문제가 없겠지만 전혀 다른 개념일 경우에는 문제가 생길 수 있다는 것도 고려해야 한다.

그래서 특정한 의미를 담고 있는 단어는 피하는 것이 좋다. 그리고 이름이 특정 단어와 비슷한 경우에는 놀림감이 되는 경우가 많다. 예를 들어서 이름이 '전자'인데 성이 '주'씨라면 '주전자'가 되는 것과 같다. 그런 식으로 장난기 어리게 지으면 다른 사람이 볼 때 장난스럽게 받아들이고 장난스러운 에너지를 줄 수밖에 없다. 이름이 멋있고, 진중하면 비슷한 에너지가 나오기 때문에 그런 부분들도 고려하는 것이 좋다.

이름을 지을 때는 이름에서 느껴지는 어떠한 느낌도 고려해야 한다. 예를 들어 '다온'이나 '라온'과 같은 이름들을 회사나 기업들에서 쓰는 경우가 많다. 왜 그런 이름을 쓰는지 한번 생각해 보라. 회사의 이미지에 어울리는 이름이 있고, 호에 어울리는 이름이 있고, 어떠한 제품이나 브랜드에 어울리는 이름이 있듯이, 이름이라는 것은 그러한 형태를 어느 정도는 고려해야 한다는 것을 꼭 명심하길 바란다. 산의 이름들도 마찬가지이다. 만약 호를 '백두'라고 썼을 때는 백두산이 연상된다. 그러면 그런 느낌으로 그 사람을 바라보게 된다. '태백'이라는 호를 쓰게 되면 태백산이 떠오르면서 거창하고 크게 느껴진다.

결국, 이미지라는 것도 에너지이기 때문에 어떠한 이미지가 연상되는 순간, 그와 유사한 에너지가 부여되는 것이다. 그래서 호라는 것도 사실은 상당히 까다롭게 지어야 하는 부분들이 있다. 예를 들어 강병구 선생님 같은 경우에도 '하정'이라는 여성스러운 호를 지었었다. 그런데 강병구 선생님을 부를 때 이름을 빼고 호를 부른다고 생각하면 '하정 선생님'이 되어 해당 인물이 여자라고 착각하기 쉽다. 그러니 실제 이미지와 호의 이미지가 맞아야 한다는 것을 염두에 두어야 한다.

그래서 어떠한 이름을 지을 때는 연상되는 이미지, 단어의 의미 등 여러 가지 것들을 복합적으로 고려해서 지어야 한다. 우리는 살아가면서 단어와 언어를 사용하기 때문에 단어와 언어의 어원에 어울리는 것을 잘 찾아서 사용하는 것이 중요하다.

작명에 관한 질의응답

? 질문 1.

브랜드 이름이나 회사 이름을 정할 때는 이름에 넣고자 하는 그 메시지를 주력으로 넣으면 되는 걸까요?

브랜드 이름은 브랜드에 걸맞은 이름을 넣어야 한다. 예를 들어서 스포츠용품이라면 스포츠용품에 걸맞도록 목기가 많이 들어가는 게 좋다. 활동적인 느낌의 목기와는 뭔가 확장적이고, 능동적이고, 활동적인 성향의 그런 이름이 맞다. 그러나 정밀한 기계나 세밀한 물건을 제작하거나, 또는 정확하고 섬세한 것과 관련된 일에는 삼성과 같은 금기의 이름이 필요하다. 브랜드라는 건 어느 방향으로 추구하느냐에 따라서 달라진다. 예를 들어서 서적이나 지식, 유통과 같이 수기의 느낌이 나는 분야는 수기의 이름으로 짓는 게 좋고, 사람들과의 교류가 필요한 부동산이라든지, 아니면 사람들과의 관계를 통해서 일하는 분야라면 토기의 이름이 더 좋다. 물론 대표자의 에너지 구조도 영향을 준다. 왜냐하면, 그 대표자가 끌고 가려고 하는 에너지가 그대로 나오기 때문이다. 예를 들어서 스포츠용품 회사의 사장이라면 목기가 좀 있는 게 낫다. 그러나 영화나 미술, 이벤트, 무대 장치, 공연 예술을 하는 분야라면 화기의 에니지가 없다면 그것도 부합하지 않다. 예를 들면 건축처럼 땅에 관련된 일을 한다면 토기의 이름이 좋은데, 그 일을 하는 사람이 토기의 에너지가 없다고 하면 문제가 좀 생길 수 있다. 그런 것들을 보완할 수 있는 게 브랜드의 네이밍이라고 생각하면 된다.

? 질문 2.

이름을 정할 때 알아야 할 원칙들이 있습니까?

영어 이름을 짓든 한글 이름을 짓든 간에, 세 글자를 짓든 네 글자를 짓든 간에 원칙이 있다. 짝수는 음의 에너지이다. 만약에 브랜드를 두 자의 이름을 짓는다는 것은 안정적인 것을 추구하는 것이다. 그러나 세 글자라면 역동적인 것으로 생각하면 된다. 예를 들어 '카카오' 같은 경우에는 굉장히 빠르게 성장한 경우이다. '카카'는 목기이고, '오'는 토기이다. 카카오톡이라고 사람들 사이에서의 커뮤니티에서 연락을 주고받는 걸 통해서 성장한 경우가 카카오이다. 이름에 걸맞게 간 것이다. 그다음에 네이버 같은 경우에 '네이버'는 화토수의 에너지이다. 화생토의 감성 마케팅으로 성공한 경우라 보면 된다. 사람들에게 감성이나 느낌을 전달하고, 그것을 수기, 즉 지식으로 승화시킨 거다. 그래서 블로그나 정보 제공, 포털이라고 하는 걸 하는데, 그 이름에 부합하게 한 것으로 볼 수 있다. 거기에서 보완점으로 컬러를 녹색으로 했다. 그러면 성장이라는 것들을 보완한 것이다. 그런데 부족한 에너지가 금기이다. 그래서 오류가 자주 나고, 정확도가 떨어지고, 가짜 뉴스를 걸러내지 못하고, 댓글 조작 같은 것도 쉽게 넘어간다. 그건 통제와 절제가 안 되는 포털이라는 의미이다. 그리고 네이버의 기업 분위기도 굉장히 자유롭다고 한다. 그래서 어떤 브랜드명을 지을 때는 굉장히 신중해야 한다. 그게 결국에는 롱런할 수 있는 사업의 기틀을 마련할 수 있는 에너지를 주는 거라고 보면 된다.

질문 3.

이름에서 여러 가지로 변화를 가질 수 있다고 말씀해 주셨습니다. 그런데 제가 이름을 바꿀 수는 없어서요. 예를 들어 호를 만들어 사용하면 좀 완화가 될 수 있겠다는 생각이 들었습니다. 그리고 한 가지만 더 여쭤보면, 생극제화 표에 의해서 생을 하는 것으로 이야기를 했는데 극은 해당이 안 되는 건가요?

극도 해당이 된다. 왜냐하면 화극금의 이름도 있고, 토극수의 이름도 있고, 목극토의 이름도 있다. 그건 그 사람의 에너지 구조가 어떠냐를 먼저 봐야 한다. 예를 들어 화수금의 에너지만 있는 사람이라면 목기와 토기가 필요하다. 그런 경우에는 목극토의 이름이 필요할 수 있다. 예를 들어, 필자는 토기와 금기만 있는 사람이다. 물론 화기가 있기는 하지만 수기는 아예 없다. 그러면 수화 상쟁적인 이름이 필요하다. 그리고 운세에 따라서 좀 다르긴 하지만, 필요에 따라서 극의 에너지 구조로 이름을 지을 수도 있다는 것이다.

질문 4.

법인 회사명을 '경신'으로 하려고 하는데 괜찮을까요?

경신은 금목상쟁의 이름이다. 만일, 하는 일이 완벽해야 하고, 정확하게 일을 해야 하는 분야라면 금목상쟁으로 하는 것도 괜찮다. 이때 사업주의 에너지 구조도 함께 고려하는 것이 필요하다.

질문 5.

저도 받침을 사용하는 게 많이 헷갈렸습니다. 그러니까 지금 설명하시는 걸 보면 거의 초성을 가지고 주로 하시는데 받침이 필요하냐 안 필요하냐를 생각했을 때, 예를 들어 없는 오행이 있다면 최대한 없는 오행을 다 채워 주는 식으로 받침을 활용할 수 있을까요?

오행 운세의 변화를 고려해서 받침을 쓰는 경우가 많다. 사주원국에서 부족한 에너지나 운세의 흐름에서 보완해야 하는 에너지를 받침으로 넣어주는 경우가 있다. 그리고 에너지의 흐름에서 흐름을 조절하는 에너지가 필요한 경우에도 받침에 넣어줄 수 있다. 예를 들어 '선'이라는 글자는 음금인데, 니은자가 들어가 있다. 그래서 화극금의 구조이다. 화극금은 어떻게 보면 말리는 거와 같다. 금기가 원래 차갑고 촉촉한데 거기에 습이 차지 않도록 말리는 기능이 '선'이라 볼 수 있다. 수기가 야밤에 태어나서 습이 차는 구조라 그렇게 넣은 것으로 보면 될 것 같다.

예를 들면 헛자(가상의 글자)로 생각을 할 때, 없는 오행이 최대한 없게끔 받침을 동원해서라도 채우는 것은 좋다. 새로운 대운을 고려해서 잘 채우는 건 좋지만, 문제는 그렇게 채우다 보면 이름이 이상하게 될 수도 있다. 에너지는 채우겠지만 발음이 이상하게 될 수도 있다는 거다. 그런 것들도 좀 고려를 해야 한다. 이름이 100% 완벽한 경우도 있지만 약 80%~90%로 만족할 수도 있다. 한 80점 이상이면 괜찮다고 볼 수 있다.

예를 들어서 정규림 선생님 이름을 '규리'라고 했을 수도 있다. 그러면 나중에 노년이 되어서 '규리'라는 이름이 맞을까에 대해서도 생각을 해 봐야 한다. 할머니가 되었는데 '규리님'이라고 부르면 좀 어색할 수도 있다. 이름에는 에너지의 흐름뿐만 아니라 다른 전반적인 부분에서도 고려해야 한다.

질문 6.

제가 수기가 많습니다. 그런데 지난번에 교수님이 말씀하실 때 '리'는 화가 폭발한다고 해서 '림'으로 하면 수기를 살짝 받쳐 준다고 하셨습니다. 저 같은 경우는 수기가 많아서 굳이 받쳐 주지 않아도 폭발을 걱정하지 않아도 되지 않을까 하는 생각을 해 봤습니다. 그리고 받침의 에너지를 어떻게 사용해야 할지 궁금합니다.

불을 안전하게 보관하는 형태로 하기 위해서 '림'을 사용한 것이다. 지금 운세의 흐름은 정임합목으로 목기로 흐르는 상태이다. 수기가 받쳐 주는 구조로 목기로 흐르게 한다면 맞는 이름이다. 선생님은 수기가 강성하지만, 신월생 초반(7.19)이라 화기가 전혀 없는 에너지도 아니다. 만약 겨울 태생의 수기가 강한 구조였다면 오히려 '규란'이라고 지었을 것이다.

3장
작명서 작성의 실제

작명서 양식에서 반드시 포함되어야 하는 요소들에 대해 알아보자.

작명서 양식의 예시

先天 體質 心理 作名書
선천 체질 심리 작명서

2022. . .

작명서 양식의 예시

作名解說

◉ 대상자: 부- 노○○ 모- 강○○

신생아(남) 2017년 03월 14일생(양력) 亥時(21시 37분) 출생

丁 庚 癸 丁
亥 子 卯 酉

사수 원국상 金의 얼굴로 태어나 水의 氣運이 강하고 지나친 水火의 상쟁의 기운으로 인해 火土氣運이 약해지는 구조로 양적인 상관성(배운 각종 지식을 모방과 창조를 하여 표현하는 심리 발달 – 강의형 언어 능력, 유행과 멋을 창조, 해외 거주형, 행동의 틀을 깸, 표현, 창조를 좋아하며 감성과 표현을 지키며 실천하는 활동적인 직업이 좋으며 해외 관련, 해외 여행 관련, 방송/영화 연예계, 전시예술, 서양 춤, 대중 가수 등의 언어 표현과 행동 경험을 통해 발전하는 에너지)이 강하고 모든 정보를 다양한 해석과 표현으로 전달하는 언어와 사물을 창조·발전시키는 창의적이고 표현적 능력이 발휘됩니다.

자신이 소유한 다른 에너지인 **관성(추진하고 지키고 세우는 능력)과 재성(구성하고 계획하고 구조화하는 능력)**의 기질을 제대로 펼치는 구조로 작명을 통해 보완하여 발복(發福)할 수 있도록 해야겠습니다.

따라서 자신의 약점인 火土氣의 부족을 해소하고 **단점(학습 능력, 듣는 힘 약함, 감정기복, 성급함, 외로움, 감정적 행위)**이 나타나지 않게 보완하여 참고 인내하고 끈기를 심어 주고 인간관계를 유연하게 맺고 자신을 지키고 정확한 의사표현과 결정을 하며, 진행하고 추진하는 능력이 발전하도록 보완하여 자신만의 세계와 현실 세계를 잘 구분하여 판단하는 심리를 보완하여 균형 잡힌 심리로 변화시켜 주고 나아가서는 주변인과 부드러운 관계성을 유지하는 힘을 주어 삶의 문제 요소를 최소화해야겠습니다.

또한 土氣의 약함으로 인한 효율(참을성·인내심·끈기)이 저하되는 구조이기에 자신의 재능으로 얻어지는 명예와 재물을 지키고 소멸되지 않게 작명 구조를 만들어야 하겠습니다. 특히, 선천적으로 土氣가 부족하여 인간관계를 받아 주는 힘이 부족함으로 일어나는 편협함을 보완하여, 원만하게 인간관계를 바르게 하는 에너지로 흐르게 하고 부드러움과 참을성을 주어 심리적으로 안정감을 통해 자신의 집착 욕망과 급함으로 인한 어려움을 줄여 인간관계를 원만하게 이루도록 보완해 주어야겠습니다.

따라서 사주 원국상에 상대적으로 무존재한 에너지로 인해 기능관리가 잘 되지 않는 수기의 에너지를 조절하게 하고 水氣의 지나친 발동을 억제하여 五行氣運을 소통하게 함으로 과다한 생각과 그로 인한 생각의 집착, 고집의 문제를 풀어 木氣運을 돕고 강성한 水氣運을 조절하여 고립되어 있는 火氣가 소멸되지 않도록 작명하고자 합니다.

또한 자신의 재능에 따라 인내심을 지키고 주변 관계를 관리하는 능력을 주어, 지키는 힘과 차분함을 채워감으로써 주변인과의 관계를 원만하게 맺고 자신의 능력이 사람들로부터 인정받으며 또한 귀한 사람들의 도움을 잘 받을 수 있는 인덕이 있는 사람으로 성장하도록 보완하는 이름이 필요합니다.

따라서 아래와 같이 五行순환 구조의 火生土氣運의 이름을 작명합니다. 단, 돌림자 진(鎭)을 사용함에는 순환 구조에 어려움이 있어 추가적으로 사용할 예명을 작명하도록 합니다.

작명1: 노진호(盧鎭好) - 좋고 옳으며 바른 것을 지키는 이름

노(盧) 16획 뜻 - 교하 노

진(鎭) 18획 뜻 - 지키다, 진압하다, 진정하다

풀이 - 영민하고 재주가 많으며 검소하고 어질면서 능력이 있다. 다만 물을 조심해야 한다.

중년에는 배우고 경험하며 말년에는 융성하게 된다.

호(好) 6획 뜻 - 좋다, 아름답다, 사랑하다, 친밀하다

풀이 - 온화한 성품에 기품이 빼어나고 영리하니 위아래를 불문하고 모두 좋아한다.
평생 복록을 누리며 행복하다.

작명2: 노태양(盧迨暘) - 빛이 가득하여 태양에 이르는 융성하고 성공하는 이름

노(盧) 16획 뜻 - 교하 노

태(迨) 8획 뜻 - 닿다, 이르다, 도달하다, 바라다, 원하다

풀이 - 청아한 기품에 부귀를 겸비했다.
　　　귀인의 도움을 얻으며 크게 번성한다.

양(暘) 13획 뜻 - 해돋이, 말리다, 밝다, 환하다

풀이 - 중년에 성공하여 융성하고 영예로우며 관운이 있다.

※ 오행 성명 해설

해당 이름은 火生土氣運으로 흐름을 주는 이름으로 작명자의 과도한 水氣로 인해 정체(停滯)된 에너지를 조절하게 하여 五行을 원만히 生하고 앞서 말한 火氣의 부족과 土氣의 무존재로 인한 과도한 정체(停滯)를 조절하여 안정적으로 순환하게 해 줍니다.

해당 이름은 작명자의 에너지 구조를 원만한 순환 구조로 만들어 주고 자신의 지나친 생각과 생각에 대한 표현을 조절하게 해 주고 원칙과 규칙을 지키면서 사람들에게 따뜻함과 자애로운 관계를 수용할 수 있도록 하며 인내하고 인간관계를 원만하게 하는 힘을 주며 효율성을 좋게 합니다.

작명자의 심리와 성격을 조절하여 다정다감하고 긍정적인 심리가 정체되지 않게 하고 기쁘고 밝은 사람으로 만들어 주어 모든 사람과 행복의 관계를 이루어 가며 사랑받는 인생을 살아가도록 좋은 에너지를 제공하고자 합니다.

作名家: 國際自然治癒協會
名譽會長
佶熙 鄭 大 熙 博士

작명서 작성 시 주의할 점

- 이름을 지을 때는 부모님의 이름이나 형제, 사촌들의 이름을 확인하여 중복되지 않은 이름을 지어야 한다.
- 신생아의 이름을 지을 때는 부모님의 이름과 부딪히는 이름인지도 확인한다. 예를 들어서 아버지의 이름이 '노승균'이라면 금기와 목기가 상쟁하는 이름이고, 어머니가 '강효주'라고 하면 토생금의 이름이다. 전체적으로 목기가 부족한 구조이다. 물론 사주 구조에서 목기가 있거나 환경적인 요인에서 목기가 보완될 수도 있지만 이런 것들도 종합적으로 고려해 보는 것도 필요하다.
- 이름에 대한 설명에 앞서 타고난 에너지의 기본적인 성향과 심리구조, 재능과 적성 등에 대해 전반적으로 설명해 주는 것이 좋다.
- 이름을 짓는 방향성에 대해서는 사주 에너지 구조에서 강한 에너지와 부족한 에너지와 그로 인해 드러날 수 있는 강점과 단점에 대한 설명을 통해 이름에서 보완할 에너지의 필요성을 역설하는 것이 좋다.
- 사주나 음양오행에 대한 전문적인 용어들은 쉽게 이해할 수 있는 용어로 풀어서 설명해 주는 것이 좋다.
- 사주 구조에서 부족한 에너지가 삶에서 어떠한 단점으로 드러날 수 있는가에 대한 설명과 함께 부족한 에너지를 이름을 통해 보완할 수 있다는 것을 설명한다. 그리고 부족한 에너지가 보완되었을 때 삶에서 드러날 수 있는 긍정적인 측면을 설명해 주는 것도 필요하다.
- 이름의 글자에 대한 풀이는 작명 책을 참조할 수도 있고, 한자의 태생적 의미를 참고하여 글자의 의미를 설명해 줄 수 있다. 이름에 부여하는 의미는 이름이 가지는 가치를 삶에서 실현해 나가는 방향과 같다. 그러므로 작명한 이름이 담고 있는 의미와 가치에 대한 설명을 한다.
- 한자의 획수는 홀·짝·홀 또는 짝·홀·짝의 흐름으로 맞춘다.

- 작명한 이름이 오행학적 관점에서 어떠한 단점을 보완할 수 있고, 이로 인해 어떤 방면으로 긍정적인 측면을 발휘할 수 있는가에 대해 종합적으로 설명한다.
- 작명자의 이름을 기록하고 도장을 찍거나 사인을 한다.

작명서 작명의 실제: 사례 (가)

작명서 작성의 실제: (가)

作 名 解 說

◉ 대상자: 신생아(남) 2022년 02월 25일(양력) 오전 10시 51분 출생

부-(김 ○ ○) 모-(이 ○ ○)

◉ 사주 구조와 기존 성명 해설

남아 2022.2.25.(+) 오전 10:51

	己 巳		己 酉		壬 寅		壬 寅
83	73	63	53	43	33	23	13	2.6
辛	庚	己	戊	丁	丙	乙	甲	癸
亥	戌	酉	申	未	午	巳	辰	卯

위 사주 주인공은 넓은 평야를 상징하는 己土의 얼굴로 생명력과 성장을 상징하는 목기와 완성과 결실을 상징하는 금기가 강성하게 태어나서 행동적인 성향을 발휘하여 조직의 목표를 달성하고 지키며, 자신의 분야에서 명확하고 정확하며 완성된 결실을 위하여 연구하고 탐구할 수 있는 에너지를 발휘할 수 있습니다. 상대적으로 추진과 확장을 상징하는 화기와 교류와 조율을 상징하는 토기와 배움과 지식을 상징하는 수기가 상대적으로 부족한 구조입니다.

자신이 소유하고 있는 에너지 중에서 **재성(구성하고 계획하고 구조화시켜 운영하는 능력)과 비겁(자신을 세우고, 대인 관계에서 타인과 겨룸을 통해 리더가 되고자 하는)**의 기질을 제대로 펼치는 구조로 작명을 통하여 자신의 에너지를 보완하여 발복(發福)할 수 있도록 해야겠습니다.

따라서 자신의 약점인 토기와 수기의 부족을 해소하여 이로 인한 단점이 나타나지 않도록 해야겠습니다. 화생토의 단점(**관계 형성, 끈기, 참을성, 관계적 리더십, 자신을 세우는 힘**)을 보완하여 관계 속에서 교류하고 조율할 수 있는 힘을 키우고, 다양한 관계 속에서 끈기와 참을성을 바탕으로 리더십을 발휘하면서 자신의 중심을 세우는 것을 보완해야 하겠습니다.

또한 수기의 부족의 단점(**정보 수집, 듣는 힘, 지략적 사고, 재무 관리, 유연성**)을 보완하여 다양한 정보를 수집하고, 필요한 정보에 귀를 기울이고 들어 필요한 계획을 세우고, 이를 통해 자신의 재무를 관리하며, 부분을 조합하여 전체를 만들어 내어 운영할 수 있는 능력을 키워 자신이 연구하고 탐구한 것을 실제 구성하여 운영할 수 있는 것에 힘을 주어서 삶의 문제 요소를 최소화해야겠습니다.

따라서 사주 원국상에 상대적으로 부족한 에너지로 인해 기능관리가 잘 되지 않는 토기와 수기의 에너지를 조절하게 하고, 목기의 강성한 에너지가 화생도로 흐름으로 원활하게 소통하게 힘으로써 과도한 행동과 급한 실행으로 인한 문제를 풀어 주고, 목기와 금기의 흐름을 연결할 수 있는 수기를 보완하여 그 흐름을 원활하게 하여 수기가 탈진되지 않도록 작명하고자 합니다. 또한 자신의 재능에 따라 안정감을 가지고 주변 관계를 형성하고 리드할 수 있는 능력을 키워 줌으로써 리더로서의 자질을 키우면서도 다른 사람들의 이야기에 귀를 기울이고 자신의 생각을 표현하는 것을 통해 사람들로부터 신의를 얻고, 생각이 유연하고 지혜로움을 통해 사람들로부터 인정받는 사람으로 성장하도록 보완하는 이름이 필요합니다. 따라서 아래와 같이 五行순환 구조의 土氣運와 水氣運의 이름을 작명합니다.

작명1 김무일(金戊溢) - 지혜와 신의를 지키는 이름

무(戊) 5획 뜻 - (다섯째)천간, 무성하다, 우거지다

풀이 - 지혜로움이 넘치면서 자신을 세우는 능력이 있다.

일(溢) 13획 뜻 - 넘치다, 가득 차다

풀이 - 자신을 세우고 리더십을 발휘하여 크게 번성한다.

작명2 김희명(金凞愩): 밝은 지혜로 자신을 빛나게 세우는 이름

김(金) 8획 뜻 - 성씨 김

희(凞) 15획 뜻 - 빛나다, 말리다, 화평하게 즐기다

풀이 - 자신을 빛나게 세워 우뚝 선다.

명(愩) 14획 뜻 - 마음이 너그럽다, (생각이)다함이 없다, (생각이)그지없이 크거나 많다.

풀이 - 밝은 지혜로 삶을 경영하며 재물을 다루는 힘이 있다.

※ 오행 성명 해설

해당 이름은 土氣運과 水氣運으로 흐름을 주는 이름으로 작명자의 과도한 木氣와 金氣로 인해 정체(停滯)된 에너지를 조절하게 하여 五行을 원만히 生하여 화생토의 부족과 금목상쟁의 구조에서 수기에서 흐름을 원활하여 모든 에너지가 안정적으로 순환하게 해 줍니다.

해당 이름은 작명자의 에너지 구조를 원만한 순환 구조로 만들어 주고 자신이 탐구하고 결정한 목표를 실행하는 데 있어 다양한 정보를 수집하는 지혜로움을 통하여 계획과 지략을 세워 추진할 수 있도록 하고, 사람들과의 관계를 받아들이면서도 리더십을 발휘하여 자신이 중심을 세울 수 있는 힘을 주어 더 많은 사람들과 교류하고 조율할 수 있는 리더십을 발휘할 수 있게 합니다.

작명자의 심리와 성격을 조절하여 적극적인 실행하면서 도전하고 경쟁하면서 완성과 결실을 지향하는 에너지가 편향되게 흐르지 않게 하며 깊은 생

> 각을 통한 지혜와 관계적인 조율을 통한 리더십을 발휘하여 모든 사람과 좋
> 은 관계를 이루어 가면서 자신의 꿈을 실현할 수 있는 인생을 살아가도록
> 좋은 에너지를 제공하고자 합니다.
>
> 作名家: 國際自然治癒協會
>
> 連義 黃 民 庚 博士

보완할 사항

- 한자를 많이 줄이고 한글로 풀어서 적는 것도 좋다. 다만 중요한 부분은 굵은 글씨체로 쓰거나 색깔을 넣어 강조하는 것도 좋다.
- 아이의 사주 에너지에 따라 피해야 하는 음식에 대한 코멘트를 넣어주는 것도 좋다.
- 아이의 재능적성에 대한 부분을 알려 주면 경쟁력 있는 작명서가 될 수 있다.
- 성을 포함하고, 한자의 획수를 맞추어야 한다. 글자의 획수가 8, 5, 13으로 짝·홀·홀이 되므로 짝·홀·짝으로 맞추는 게 좋다.
- 이름이 목·토·수의 흐름으로 되어 있다. 상극의 구조로 된 이름은 흐름의 방향보다 발음하기가 어려우므로 되도록 흐름의 방향으로 쓰는 게 좋다. 상극의 구조가 되면 통제하는 느낌이 나므로 꼭 필요한 경우가 아니라면 순행의 흐름이 생기도록 하는 것이 좋다.
- 요즘에는 한자를 잘 모르는 사람들이 많다. 그러므로 한자를 적을 때는 한글을 같이 적어 주는 것이 좋다. 그리고 '토기'와 같이 전문적인 용어는 쉽게 이해할 수 있도록 간략한 설명을 덧붙여 주는 것이 좋다.

작명서 작명의 실제: 사례 (나)

작명서 작성의 실제: 사례(나)

作 名 解 說

대상자: 신생아(남) 2022.02.25.(양력) 巳時(10시 51분) 출생
- 사주 구조와 기존 성명 해설

己 己 壬 壬
巳 酉 寅 寅

사주 원국상 土의 얼굴로 태어나 木의 氣運이 강하고 지나친 金木 상쟁의 기운으로 인해 火土氣運이 약해지는 구조로 양적인 정관격(활동적으로 외부에 질서를 부여하고 관리하는 능력 탁월. 사려 깊고 온화한 성품으로 업무보다 사람을 우선시하며 봉사 정신 투철 - 해외 공무원, 외교 정치, 공익 단체, 학원 교육 등에서 두각을 보임. 선비적인 성품과 학자적인 성품으로 주위 사람들에게 조언을 잘 해 주고, 한번 정을 주면 배신하지 않는 의리파)이 강해 스스로 가치를 느끼고 시작한 일은 목숨을 바칠 만큼 각오가 대단한 에너지를 가지고 있습니다. 발달되어 있는 다른 에너지 음적인 식신(몰입하여 연구하고 궁리하는 능력)은 언어능력, 말하는 힘과 관련되어 있으며, 가슴으로 받아들여지면 자신이 연구하는 것을 정확하게 데이터화하여 발표하는 힘이 강합니다.

자신이 소유한 다른 에너지인 비견(사람을 상대하고 관계하는 힘)과 재성(구성하고 계획하고 구조화하는 능력)의 기질을 제대로 펼치는 구조로 작명을 통해 보완하여 발복(發福)할 수 있도록 해야겠습니다.

따라서 자신의 약점인 火土氣의 부족을 해소하고 단점(감정 공감 및 표현 부족, 감정적 결정, 듣는 힘 약함, 성급한 행동, 관계 형성의 주저함)이 나타나지 않게 보완하여 상대의 감정에 있는 그대로 공감하고 자신의 감정을 솔

직하게 표현하는 능력을 보완하여 **주변인과 원만한 관계를 형성하는 힘**을 주어 삶의 문제 요소를 최소화하도록 해야겠습니다. 또한 대운의 흐름이 초년 **木** 대운(1~13세), 중년 **火** 대운(23~52세)으로 흐르는 구조이기에 水氣의 약함으로 인한 효율(자료수집, 학습능력, 듣는 힘 약함)이 저하되는 구조이기에 자신의 재능으로 얻어지는 명예와 재물을 지키고 소멸되지 않게 작명 구조를 만들어야 하겠습니다.

사주 원국상에 상대적으로 무존재한 에너지로 인해 기능 관리가 잘 되지 않는 목기의 에너지를 조절하게 하고 금목상쟁을 억제하여 五行氣運을 소통하게 함으로 과다한 행동과 결정 사이의 문제를 풀어 **土氣**을 돕고 고립되어 있는 **火氣**를 소멸되지 않도록 작명하고자 합니다. 자신의 재능에 따라 감정적으로 이성적으로 원활한 소통 능력을 채워 감으로써 주변인과의 관계를 원만하게 맺고 자신의 능력이 사람들로부터 인정받으며 또한 귀한 사람들의 도움을 잘 받을 수 있는 인덕 있는 사람으로 성장하도록 보완하는 이름이 필요합니다.

따라서 아래와 같이 五行순환 구조의 **火生土** 氣運의 이름을 작명합니다.

작명1 김드림

: 한글 이름, 영어로 dream. 원 없이 자신의 꿈을 국제적으로 펼쳐라!

김 5획 - 양목+수기
드 3획 - 음화
림 7획 - 양화 +수기

작명2 김동율(金瞳燏)

: 눈동자에 총기가 가득하여 가업이 크게 번성하고 복록이 쌓이고 성공하는 이름

김(金) 8획 뜻 - 쇠, 금
동(瞳) 17획 뜻 - 눈동자, 무심히 보는 모양

풀이 - 비상한 머리로 기회를 포착해 뜻을 이룬다.
　　　　귀인의 도움을 얻으며 크게 번성한다.

율(燏) 16획 뜻 - 빛나다, 불빛
풀이 - 중년에 성공하여 융성하고 영예로우며 관운이 있다. 비약적인 발전으로 기운이 부흥되며 크게 성공한다.

작명3 김태엽(金台燁)
- 밤하늘의 별처럼 자신의 존재감을 발휘, 유명세를 떨쳐 많은 이들로부터 존경받고 사랑받는 이름

김(金) 8획 뜻 - 쇠, 금

태(台) 5획 뜻 - 별, 태풍
풀이 - 청아한 기품에 부귀를 겸비했다.
　　　　귀인의 도움을 얻으며 크게 번성한다.

엽(燁) 18획 뜻 - 빛나다, 기운이나 세력이 왕성하다, 번쩍번쩍하다.
풀이 - 중년에 성공하여 융성하고 영예로우며 관운이 있다.
　　　　인덕과 신망을 얻어 명성과 권위가 있다.

오행 성명 해설
　해당 이름은 火生土 氣運으로 흐름을 주는 이름으로 정체(停滯)된 에너지를 조절하게 하여 五行을 원만히 生하고 과도한 정체(停滯)를 조절하여 안정적으로 순환하게 해 줍니다.
　해당 이름은 작명자의 성급한 행동과 완벽을 추구하며 결정하려는 심리 사이에서, 상대의 감정을 공감하고 부드럽게 표현하게 조절해 주고, 사람들에게 따뜻함과 자애로움으로 원만한 인간관계를 형성하는 힘을 주며 효율성을 좋게 합니다.
　작명자의 심리와 성격을 조절하여 다정다감하고 긍정적인 심리가 정체되지 않게 하고 기쁘고 밝은 사람으로 만들어 주어 모든 사람과 행복의 관계를

> 이루어 가며 사랑받는 인생을 살아가도록 좋은 에너지를 제공하고자 합니다.
>
> 作名家: 國際自然治癒協會
>
> 雪原 南宮先雅 博士

보완할 사항

- 육친적 관점에 대한 내용을 함께 적어 주는 것도 좋다.
- 기본적으로 작명을 의뢰하는 사람들의 성향은 남자 이름은 멋있기를 원하고, 여자 이름은 예쁘기를 원한다. 그러므로 연예인처럼 독특한 이름을 지어 달라는 요구가 있지 않은 한 지나치게 개성적인 이름보다는 진중한 이름이 짓는 것이 바람직하다. 자칫하면 이름이 놀림감이 될 수도 있기 때문이다.
- 이름에도 유행이 있다. '율'은 최근에 유행하는 이름이기도 하다. 그러나 유행이라는 것도 계속 변화하기 때문에 유행에 따라 작명을 하는 것을 권장하지는 않는다. 오히려 유행이 지나면 식상해지기 쉽다. 그러므로 자신의 에너지에 맞게 짓는 것이 가장 좋다.
- 이름을 지을 때 아이의 에너지 구조도 고려할 필요가 있다. 식상(식신과 상관)과 재성이 강한 아이들은 특이한 이름을 좋아할 수도 있지만, 관성이나 인성, 비견이 센 아이들은 이름의 놀림감이 되는 것을 아주 싫어한다는 것도 염두에 두어야 한다.

작명서 작명의 실제: 사례 (다)

작명서 작성의 실제 (다)

作 名 解 說

대상자: 신생아(남) 2022.02.25.(양력) 巳時(10시 51분) 출생

- 사주 구조와 기존 성명해설

己 己 壬 壬
巳 酉 寅 寅

사주 원국상 己(土)의 얼굴로 태어나 水木生의 氣運이 강하고 또한 화기는 巳酉合金으로 金기운으로 인해 火生土의 氣運이 약해지는 구조입니다.

소극적으로 관계를 하며 남의 심정도 잘 헤아려 주는 마음도 있으나 이를 보완하는 화생토의 에너지로 대인관계에서 적극적으로 관계를 맺는 힘이 떨어지는 것을 보완할 수 있는 것과 그리고 타인이 감정을 의심하고 받아들이는 것이 부족하여 표현하는 힘을 기르고 균형 잡힌 에너지로 부드러운 관계를 유지하도록 힘을 실어 주면 능력이 발휘됩니다.

수용하는 언어를 사용하며 행동을 실천하는 활동적인 직업이 좋으며 해외 관련 외무부, 학원교육, 외교정치, 공익단체 등이 적합하며 다양한 표현적 능력이 발휘될 수 있는 구조로 작명을 통해 보완하여 발복(發福)할 수 있도록 해야겠습니다.

따라서 자신의 약점인 火土氣의 부족을 해소하고 단점(학습능력, 듣는 힘 약함, 감정기복, 성급함, 외로움, 감정적 행위)이 나타나지 않게 보완하여 참고 인내하고 끈기를 심어 주고 인간관계를 유연하게 맺고 자신을 지키며, 또한 土氣의 약함으로 인한 효율이(참을성, 인내심, 끈기) 저하되는 구조이기에 자신의 재능으로 얻어지는 감성적인 영상을 보는 학습하는 힘과 외유내강, 방어본능이 약한 구조입니다. 이를 보완하는 작명구조를 만들어야 하

겠습니다.

또한, 지키는 힘과 차분함을 채워 감으로써 주변인과의 관계를 원만하게 맺고 자신의 능력이 사람들로부터 인정받으며 또한 귀한 사람들의 도움을 잘 받을 수 있는 인덕이 있는 사람으로 성장하도록 보완하는 이름이 필요합니다.

따라서 아래와 같이 五行순환 구조의 火生土氣運의 이름을 작명합니다. 대운의 흐름에 맞는 호를 가지고 생활하는 것도 좋습니다.

작명1: 김도현(金道賢)
: 하고자 하는 일에 이치와 근원을 지키며 재치 있게 덕행이 있는 이름

김(金) 8획 뜻 - 성씨 김

도(道) 13획 뜻 - 길의 이치, 근원, 인의 덕행

풀이 - 이치를 깨닫게 학문에 힘써서 길이 막힘없이 통한다.

현(賢) 15획 뜻 - 어질다, 재치가 있고 덕행이 뛰어난 사람, 착하다, 선량하다

풀이: 사회적으로 대인관계와 관련되어 상하관계 또는 경쟁자들에서 덕행이 뛰어나 원만한 관계로 자신의 능력을 융통성 있게 발휘한다

작명2: 김리옹(金悧擁)
: 영웅적인 것으로 영리하여 뛰어나다는 의미가 있어 성공하는 이름

김(金) 8획 뜻 - 성씨 김

리(悧) 15획 뜻 - 영리하다

풀이 - 감정적인 에너지가 담겨있어 학문에서 두각을 나타내는 영리함을 의미한다.

옹(擁) 16획 뜻 - 안다, 끌어안다, 들다, 손에 쥐다, 잡다, 소유하다

풀이 – 사회관계에서 경쟁하거나 대인관계의 모든 사람들을 따뜻한 마음으로 관계를 끌어안다 소유하고 지속적으로 유지해나간다는 것을 말합니다.

작명3: 김태율(金泰燏)

: 대기만성하여 큰 인물이 되어 성공을 부르는 이름

김(金) 8획 뜻 – 성씨 김

태 (泰)泰 10획 뜻 – 크다, 넉넉하다, 편하다, 편안하고 자유롭다

풀이 – 공감과 표현을 자유롭게 하여 편안해지는 마음

율(燏) 16획 뜻 – 빛나다, 불빛

풀이 – 온화하게 빛나는 성품을 지니고 있다.

오행 성명 해설

해당 이름은 火生土氣運으로 흐름을 주는 이름으로 작명자의 오행의 흐름이 원활하지 못하여 정체(停滯)된 에너지를 조절하게 하여 五行을 원만히 生하고 앞서 말한 火氣의 부족과 土氣의 부족으로 인한 과도한 정체(停滯)를 조절하여 안정적으로 순환하게 해 줍니다.

해당 이름은 작명자의 에너지 구조를 원만한 순환 구조로 만들어 주고 자신의 지나친 생각과 생각에 대한 행동을 조절하게 해 주고 원칙과 규칙에 대한 강박관념을 완화하면서 사람들에게 따뜻함과 자애로운 관계를 수용할 수 있도록 하며 인내하고 인간관계를 원만하게 하는 힘을 주며 효율성을 좋게 합니다.

작명자의 심리와 성격을 조절하여 다정다감하고 긍정적인 심리가 정체되지 않게 하고 기쁘고 밝은 사람으로 만들어 주어 모든 사람과 행복의 관계를 이루어 가며 사랑받는 인생을 살아가도록 좋은 에너지를 제공하고자 합니다.

作名家: 國際自然治癒協會

利安 鄭珪林

보완할 사항

- 아이의 성향에 대해 좀 더 쉽게 이해할 수 있도록 써 주는 것도 필요하다.
- 아이의 성향에서 돋보이는 부분이 부각될 수 있도록 적는 것이 좋다.
- 초반에는 긍정적인 면을 써 주고, 후반에는 보완해야 하는 점을 언급하면서 작명의 필요성을 언급하는 것이 좋다.
- 글자의 획수를 적고 홀·짝·홀 또는 짝·홀·짝으로 맞추는 것이 좋다.
- 글자의 풀이는 **작명 책**을 참조할 수 있지만, 그것도 절대적인 것은 아니다. 그러므로 글자의 태생적 의미를 참고하여 의미를 찾아내는 것도 적절한 방법이다. 부모에게 작명한 이름을 전달할 때 부모의 에너지에 따라 아이의 이름이 마음에 들지 않을 수도 있다. 그러므로 아이에게 필요한 이름의 에너지와 부모가 느끼는 것에 차이가 있다는 것을 미리 알려 줄 필요가 있다. 이름을 선택하게 할 때는 처음에는 10개의 이름을 주고 그중에서 3개를 선택하게 한 후, 한자의 뜻과 획수를 맞춘 다음 하나를 선택하게 하는 것이 효율적일 수 있다.

작명서 작명의 실제: 사례 (라)

작명서 작성의 실제 (라)
作 名 解 說
대상자: 신생아(남) - 2022.02.25.(양력) 巳時(10시 51분) 출생
사주 구조와 기존 성명 해설
己 己 壬 壬 巳 酉 寅 寅

사주 원국상 土(己) 얼굴로 태어나 水生木의 氣運이 강하여 양 정재격(자기 생각이나 표현을 적극적으로 하는 큰 범위 예술계통/영화 연예계나 외부 영업 관리 등 활동적인 일) 능력이 발휘됩니다. 또한 양정관(외교공무원, 외교 정치, 공익단체사업 등) 능력이 발휘됩니다.

단, (巳酉)金의 에너지 변화로 火의 에너지가 약해지는 구조로 감정과 공감의 표현이 어려울 수 있으므로 부족한 火生土의 에너지를 작명을 통해 보완하여 원만한 인간관계와 부드러운 감정으로 심리적 안정을 이루도록 하여야 하겠습니다.

상대적으로 부족한 火生土의 에너지를 조절하여 寅木의 지나친 발동을 억제하여 五行氣運을 소통하게 하여 자신의 재능과 적성에 따라 인내심을 키우고 주변 관계를 관리하는 능력을 주어 지키는 힘과 차분함을 채워 감으로써 주변인과의 원만한 관계와 귀한 사람들로부터 인정을 받고 덕을 베푸는 사람으로 성장하도록 하는 이름이 필요합니다.

따라서 아래와 같이 五行순환 구조의 火生土의 이름을 작명합니다.

작명: 김태훈 (金泰勳)
: 주어진 일과 공적인 분야에서 큰 뜻을 이루는 이름

김(金) (8획) 뜻: 쇠 김

태(泰) (10획) 뜻: 크다, 편안하다
풀이: 해외업무나 큰 범위의 예술분야에 편안한 마음으로 큰 뜻을 이루게 한다.

훈(勳) (16획) 뜻: 공로, 공적, 관등(官等)
풀이: 주어진 일과 그 분야에서 큰 성과를 내어 공적을 쌓게 한다.

오행 성명해설
해당 이름은 火生土氣運으로 흐름을 주는 이름으로 부족한 火氣와 土氣의 에너지를 조절하게 하여 흐름을 원활하게 하고 안정적으로 순환하게 해

> 줍니다. 자신의 생각과, 생각에 대한 표현을 하여 인간관계를 원만하게 하는 힘을 주며 참을성을 좋게 하여 모든 사람과 행복의 관계를 이루어 가며 사랑받는 인생을 살아가도록 좋은 에너지를 제공하고자 합니다.
>
> 作名家: 國際自然治癒協會
>
> 姜병구

보완할 사항

- 작명에 대한 해설을 좀 더 자세하게 하는 것이 필요하다. 중요하게 인식될 내용들은 굵은 글씨체나 색깔을 넣어 강조하는 것도 좋다.
- 사주 에너지에 대해 설명하고 작명의 필요성과 방향에 대해서 한 페이지 정도의 분량으로 적어 주는 게 좋다. 자세하게 적어 주는 것도 정성을 담는 과정이 되기 때문이다.
- 성인의 작명과 신생아 작명의 특징이 있겠지만 기본적으로 작명을 하기 위해서는 에너지의 흐름, 육친과 재능, 적성, 직업, 환경 등 종합적으로 파악해야 하는 부분이 많다. 그러므로 작명은 하나의 종합예술이라고 볼 수 있다.
- 대부분 이름을 지을 때 아이가 타고난 에너지대로 짓는 경우도 많다. 예를 들어 목기가 강하여 목기 성향을 보이는 아이에게 보이는 대로 그 아이의 이름을 짓는 것이다. 그럴 경우 강한 에너지는 더 강해지고 약한 에너지는 더 약해지는 문제가 생긴다. 에너지를 균형 잡히게 할 수 있도록 이름을 짓는 것이 무엇보다 중요하다.

작명서 작명의 실제: 사례 (마)

작명서 작성의 실제 (마)

作名解說

대상자: 신생아(남) 2022.02.25.(양력) 巳時(10시 51분) 출생

- 사주 구조와 기존 성명 해설

己 己 壬 壬
巳 酉 寅 寅

사주 원국상 土의 얼굴로 태어나 **水生木**의 **氣運**이 강하고 **火氣**가 부족한 구조입니다. 강한 수생목의 기운으로 정보를 수집하고 논리적으로 생각해서 도전하고 성장하는 힘이 강하나 **火氣**가 부족하여 사람들과의 관계에서 감정을 공감하고, 드러내어 표현하는 것이 부족한 구조이니 **火生土**의 이름으로 보완하고자 합니다. 양육 시 아이의 감정을 물어보고, 그것을 잘 표현할 수 있도록 이끌어 줄 수 있는 부모와 자녀의 소통 방식과 교육이 도움이 됩니다.

따라서 아래와 같이 五行순환 구조의 **火生土氣運**의 이름을 작명합니다. 다만, 대운에서 **火氣**이 강하게 들어오는 33세~53세에는 오히려 **金水**의 에너지를 보충하여 오행 상생 구조로 흘러갈 수 있도록 호를 짓는 것이 도움이 되겠습니다.

작명1 김태호(金胎祜): 기쁘고 밝은 사람으로 모두가 좋아하고 행복한 사람
김(金) 8획 뜻 – 쇠, 금
태(脫) 11획 뜻 – 기뻐하다, 느리다

풀이 - 가식 없이 환하게 웃어 만인의 사랑을 받는다.
　　　　행동이 급하지 않고 신중하다.

호(祜) 10획 뜻 - 복, 행복

풀이 - 선조의 지혜를 물려받아 복록을 누리며 행복하다.
　　　　나의 복이 후대에 전해져 영예롭다.

작명2 김태용(金胎容)

: 환하게 웃어 기쁨이 가득한 얼굴을 가진 사람

김(金) 8획 뜻 - 쇠, 금

태(胎) 11획 뜻 - 기뻐하다, 느리다

풀이 - 가식 없이 환하게 웃어 만인의 사랑을 받는다.
　　　　행동이 급하지 않고 신중하다.

용(容) 10획 뜻 - 얼굴, 용모, 몸가짐, 속내, 조용하다, 느긋하다

풀이 - 기쁨을 담을 수 있는 얼굴이다.

오행 성명 해설

　해당 이름은 火生土氣運으로 흐름을 주는 이름으로 작명자의 과도한 水木氣와 火氣의 부족으로 인해 정체(停滯)된 에너지를 조절하게 하여 五行을 원만히 生하고 안정적으로 순환하게 해 줍니다.

　작명자의 심리와 성격을 조절하여 이성적이고 합리적인 생각과 진취적인 성장으로 에너지가 치우치지 않으면서, 따뜻한 감성으로 타인을 이해하고 감정을 표현하고 소통하면서 기쁘고 밝은 사람으로 모든 사람과 행복한 관계를 이루며 사랑받는 인생을 살아갈 수 있도록 좋은 에너지를 제공하고자 합니다.

　　　　　　　　　　　　　　　　　　作名家: 國際自然治癒協會
　　　　　　　　　　　　　　　　　　　　　　全 書 贇 博士

보완할 사항

- 작명서를 작성하기 위해서는 기초적인 공부가 많이 필요하다. 공부해 나가면서 보강이 될 수 있다.
- 타고난 에너지를 설명할 때 이해하기 쉽게 풀어서 적는 것도 좋은 방법이 된다. 예를 들어 '음토(관계를 수용하고 포용하는 에너지)로 태어났다'는 것처럼 어떠한 에너지의 성향을 구체적으로 풀어서 설명하면 이해하기가 쉽다.
- 상대방이 알아들을 수 있도록 부가적인 설명을 적어 주는 것이 좋다.
- 글자의 획수를 8, 11, 10으로 잘 맞추었다.
- 글자의 풀이를 할 때 한자의 태생적 의미를 찾아 작명자가 직접 적어 주는 것도 좋다.
- 이름을 설명해 줄 때 어려운 단어를 반드시 사용할 필요는 없다. 예를 들어 '수기'라고 표현할 수도 있지만, 논리성이나 경청하는 힘이라고 표현할 수도 있다. 상대방이 이해하고 알아듣도록 적는 것이 중요하다.

작명에 관한 질의응답

❓ 질문 1.

작명을 하면서 많은 고민을 하고 여러 가지를 살펴보게 되면서 더 조심스러워지기도 하고 작명을 쉽게 할 수 없다는 생각에 겁이 나기도 했습니다. 선천 명리체질학에서도 임상이 필요하듯 작명에서도 많은 연습이 필요할 것 같습니다.

필자는 이름 작명을 한 지가 벌써 한 10년이 넘었습니다. 그동안 많은 사람의 이름이나 브랜드, 신생아 이름, 제품의 이름도 지어 보고, 영어 이름도 지어 봤습니다. 작명할 때마다 느끼는 것 중의 하나는, 머릿속에서 계속 생각해도 어떨 때는 몇 날 며칠을 고민해도 잘되지 않는 경우가 있다는 것입니다. 그만큼 많은 고민을 한다는 것을 느낍니다. 그리고 작명은 많은 연습이 필요합니다. 또한, 돈을 받고 하는 것이기 때문에 더 신중해질 수밖에 없습니다. 작명의 초보자들이 작명하는데 더 많은 고민을 하므로 오히려 더 많은 정성이 들어가기도 합니다. 작명을 오래 하신 분들은 속도는 빠를 수 있지만, 정성에 있어서 오히려 초보자가 더 많은 정성을 들이는 면도 있습니다. 결국, 작명이란 초보라고 해서 잘 못 짓고, 오래 지어 본 사람이라고 더 잘 짓는 것도 아닙니다. 결국에는 얼마나 정성을 들이느냐에 달려 있습니다.

질문 2.

저는 신생아 작명을 하면서 사주 원국의 흐름과 전체적인 운세의 흐름에서 고민이 많이 되었습니다. 금목이 강한 구조에서 운세적으로 화기와 금기 쪽으로 흘러가고, 사주 원국에서는 화기가 부족하지만 20대 이후 30년 이상 화대운이 들어와서 토기와 수기 위주로 이름을 지었습니다. 다른 선생님들은 대부분 화생토 위주로 이름을 지으셨던데, 화기가 부족할 때는 화기의 아호를 지어 보완해야 하는가에 대해 고민이 많이 되었습니다.

그런 고민을 하는 자체가 정성입니다. 그런 고민 속에서 방법을 고민하게 되고 그런 것들이 정성이 담기는 것입니다. 만약에 어떤 이름이 중간 30년 동안은 좋지만, 이후에는 부족한 부분이 있을 때는 호를 쓰는 방법도 있습니다. 그래서 필자도 필요한 경우 예명을 지어 주기도 합니다. 혹은 언제쯤에는 예명을 써서 보강하라고 알려 주기도 합니다. 그렇게 섬세하게 고민을 하게 되면 정성스럽게 될 수밖에 없고, 그렇게 정성을 들인 만큼 이름을 받는 사람도 정성이 들어간 것을 알게 됩니다. 그리고 이름을 지을 때 어떤 부분에서 고민을 많이 했다는 것을 알려 줄 필요도 있습니다. 그럴 때 이름을 받는 사람도 이름에 대한 가치를 더 잘 인식할 수 있기 때문입니다.

> **질문 3.**
>
> 과제를 하면서 질문들이 몇 가지 있었는데 오늘 강의를 들으면서 제가 궁금했던 것은 뭔가 복합적이고 많은 것들을 봐야 하고, 그 사이에서 균형을 맞추는 게 중요하다고 생각이 들었습니다. 정말로 종합예술처럼 쉬운 일이 아니라는 것을 느꼈습니다. 100% 딱 떨어지는 이름을 짓고 싶은데 그게 또 마음처럼 쉬운 일이 아니고 그게 잘 되지도 않았습니다. 그래서 교수님 말씀하셨던 것처럼 뭔가 80% 정도는 채워 주고 부족한 것은 이름에서 다 채우려고 하지 말고 좀 다른 것으로 보충을 해 주는 게 좋지 않을까 그런 생각도 해 봤습니다.

완벽을 추구하되 최대한 노력하는 것이 중요합니다. 그래서 필요한 에너지를 70~80%만 맞춰줘도 사실은 좋은 이름이라고 볼 수 있습니다. 그리고 나머지는 먹는 거, 입는 거, 생활 환경 또는 하는 직업에 의해서 보완이 된다고 보면 됩니다. 그래서 그런 것들도 보면서 정성은 들이되 너무 매몰되지는 말고 적당한 선을 유지하는 것도 필요합니다. 감(感)이라는 게 있습니다. 나머지는 조언을 통해서 보완하시는 게 좋습니다. 그래서 '이 아이는 이런 성격이니까 이렇게 하고, 이런 마음을 갖고 살아가니까 이렇게 하시고, 또는 직업 적성은 이게 맞으니까 이런 쪽으로 가시는 게 좋습니다'라고 하는 어떤 조언을 통해서 보완하시는 게 오히려 바람직할 수 있습니다. 필자가 느끼기에 일반적인 작명소들은 그냥 이름만 주는 경우가 많습니다. 성격 적성이나 음식을 가려 먹는 부분, 재능·적성이나 진로와 같은 부분들은 알려 주지 않는 경우가 많습니다. 이처럼 부가적인 부분들을 알려 주는 이유는 혹시라도 70~80%로 맞추느라 부족한 에너지를 좀 더 정성을 들여 보완할 수 있도록 하기 위함입니다. 결국, 그런 것들을 알려 주기 위해서는 공부가 많이 되어야 합니다.

> **질문 4.**
>
> 저는 아호를 '설원'으로 지은 거에 대해서 교수님이 화기와 토기로 지었으면 좋겠다고 하셔서 수업 중간에 새로 만들어 봤습니다. 제 이름이 네 글자니까 호는 세 글자로 만들어 봤습니다. 그리고 신생아 이름 같은 경우에는 운세가 목화로 흐르고, 수기가 부족한 데 수기를 아예 중간에 넣을지 또는 받침으로 넣을지에 대해 고민이 많이 되었습니다. 그리고 이름의 위치가 중간에 오느냐 마지막에 오느냐에 따른 영향도 있을 것 같은 생각이 들었습니다. 사실 여러 가지 변수를 이름 안에 모든 걸 다 집어넣을 수 없고, 그래서 음식이나 다른 것으로 보완이 된다는 것이 많이 와닿는 시간이었습니다.

중국 삼국지를 보면 '유비현덕'처럼 호를 네 자로 부르기도 합니다. 규정화돼 있는 건 아닙니다. 다만 어떤 의미를 부여한다든지, 어떠한 에너지를 부여했을 때 그것이 도움이 되느냐가 중요하지, 길고 짧은 것은 그다지 영향은 없다고 봅니다. 이름이 네 글자라서 호를 세 글자로 짓는 것이 어떠하겠느냐는 얘기는 홀짝으로 음양의 조화를 이루어 내는 방법이기도 합니다. 그래서 고민을 한 만큼 좋은 이름이 나올 수 있습니다. 그리고 새로운 호로 올려 주신 '덕화원'은 브랜드 느낌, 상담소 같은 느낌이 나기도 합니다. 자신의 공부와 능력의 한계에 따라서 나오기 때문에 오랜 경험을 할수록 또 공부가 깊을수록 좋은 이름이 나올 수밖에 없습니다. 그래서 공부가 많이 필요합니다.

질문 5.

　공부의 깊이에 따라서 결과물이 나오는 것 같아서 많이 공부를 안 했다는 것을 느끼게 되었습니다. 이름을 지어 놓고 다시 보고 또다시 봐야만 깊이 있게 볼 수가 있고, 여러 번 다시 봤을 때 잘못된 부분을 찾을 수가 있고, 그 과정이 긴 시간이 필요하다는 것도 느꼈습니다. 그리고 사주의 기본 구조와 운세의 전체적인 흐름을 파악해야 제대로 된 이름이 나올 수 있다는 것도 알게 되었습니다.

　필자가 이름을 지을 때도 하루아침에 뚝딱 나오는 게 아닙니다. 이름을 짓는다는 것에 그만큼 신중하고 고민이 많이 되는 부분이 있다는 것이 작명에서 중요하게 기억해야 하는 부분입니다. 이름을 짓는 것도 기초에서 판가름이 납니다. 공부의 기초가 튼튼하게 되어 있으면 사실 작명도 쉬울 수 있습니다. 그러니 기초를 탄탄히 하는 것이 무엇보다 중요합니다.

질문 6.

　저는 사람의 이름에 전 생애를 전부 담을 수 없다는 생각을 하게 되었습니다. 그래서 호를 짓는 것이 운세의 흐름에 맞추어서 에너지를 보완하는 방법이라는 것도 이해했습니다. 작명을 의뢰하는 사람이나 작명을 하는 사람에게 가장 중요한 것은 서로에 대한 믿음이라고 생각을 합니다. 아무리 좋은 해석으로 그 사람의 에너지에 맞게 이름을 지었어도 받는 사람이 그 에너지에 대해 알지 못하면 아무 소용이 없는 거죠. 그래서 신생아에게 이름을 지어 줄 경우 부모님에게 이름에 대한 설명을 충분히 하는 게 좋을 것 같았습니다. 제 이름에서 '현'은 어려운 사람들을 찾아가서 이롭게 하고 인연을 이으라는 뜻으로 지었기 때문에, 이름을 짓는 그 순간부터 제가 삶을 살아가는 끝까지 그런 마음으로 살아가겠다는 마음을 계속 갖고 있기 때문에 저는 계속 잘 될 수밖에 없다는 그런 생각이 계속 있습니다. 그러니까 서로에 대한 믿음이 첫 번째 기본이라고 생각을 합니다.

이름이라는 것은 단순히 어떤 사람에 대한 호칭이라는 개념도 있지만 자기 암시의 개념도 있습니다. 그래서 그 이름대로 된다는 얘기가 있습니다. 그래서 계속 그 이름을 들으면 그 이름대로 사람이 살아진다고 말하기도 합니다. 그래서 '나는 뭘 할 거야', '나는 이런 사람이야'라고 하는 것처럼, 새로운 인생을 산다든지, 새로운 어떠한 분야로 나아간다든지 할 때 자기 암시가 엄청난 효력을 발휘하기도 합니다. 어떻게 보면 이름은 중요한 자기 암시가 될 수도 있습니다. 그래서 의식적으로 내가 나아갈 방향, 내가 이루어질 방향들은 이름을 통해서 이루어진다고 생각하는 부분이 있습니다. 그래서 이름이 가지고 있는 의미대로 살게 되는 경우가 많으므로 그 의미를 작명자가 만들었든, 아니면 작명 책에서 인용을 했든 간에 뜻풀이 자체가 덕담이 될 수 있습니다. 그러니 이름에 좋은 의미를 부여해서 그 사람에게 '이런 의미로 이름을 지었으니 그 이름대로 살아라'라는 의미를 주는 것입니다. 그게 바로 암시고 의식을 바꿔 주는 행위이기도 합니다. 그래서 좋은 방향에서 작명은 단순히 이름 짓는 것만 아니라 평생을 컨설팅해 준 거와 같습니다. 그래서 최소한의 시간이 상당히 많이 들어갑니다. 그러니까 시간으로 따지면 하루를 다 소비해야 한다고 할 정도로 끊임없이 고민하기 때문에, 이것이 작명비가 비싼 이유입니다. 앞으로 그런 것들을 염두에 두시고 작명에 대한 여러 가지 경험을 하면 좋겠습니다. 또, 다른 사람들은 어떻게 작명을 하는지 한번 구경 해보는 것도 권합니다. 필자의 경우 요즘에 컴퓨터나 앱으로 이름을 뽑아 내는 걸 보곤 합니다. 에너지와 운세를 읽고 이름을 지어 주는 게 아니라 그냥 표면적인 것을 보고 이름이 나오는 형태이기 때문에 엉망이라는 것을 알 수 있었습니다. 만약에 부모들이 아이의 이름을 앱에서 짓게 되면 문제가 심각하겠다는 생각도 들었습니다. 물론 우연치 않게 잘 맞은 경우가 있겠지만 그런 건 극소수일 뿐입니다. 이름은 굉장히 많은 내공과 정성이 필요하고 시간도 필요하다는 걸 잊지 말고 정성을 다하는 작명가가 되길 바랍니다.

❓ 질문 7.
호는 지금 당장 현재 필요한 이름 글자로 보면 되나요?

그렇습니다. 추사 김정희 선생님은 평생 호가 60개였다고 전해집니다. 그러니까 매년 호를 바꾼 거라고 보면 됩니다. 매년 호를 바꾸고, 바뀐 호로 불러 달라고 했고 그것을 굉장히 즐겼던 분이기도 합니다. 호는 운세에 따라 10년마다 바꿀 수도 있고, 5년 만에 바꿀 수도 있고, 아니면 해자축(亥子丑), 인묘진(寅卯辰)처럼 방합으로 나갈 때 3년 단위로 끊어서 바꿀 수도 있습니다. 이는 어떤 사주 구조가 운세의 요동을 얼마나 치느냐에 따라서, 혹은 운세 구조가 20년 단위로 흐르느냐, 아니면 5년 단위로 흐르느냐, 10년 단위로 흐르느냐에 따라서 약간씩 상이한 부분이 있습니다. 이처럼 운세 변화를 고려한 측면이 있다고 보면 됩니다.

❓ 질문 8.
성하고 이름이 에너지의 흐름에서 상관이 있는가요?

성(性)은 초년 운세를 말합니다. 예를 들어서 20살 때까지는 부모의 영향을 받고 살아갑니다. 그리고 스무 살 이후부터 한 40~50대까지는 중간 글자의 영향을 받는다고 합니다. 그다음으로 끝의 글자는 노년의 글자라고 본다. 그래서 노년의 글자에 어울리게, 그 운세에 맞게 지어야 합니다. 중간 글자는 중간대로 또 지어야 합니다. 예를 들면 청·장년 때 화기가 필요하다면 가운데 글자를 화기로 짓는 게 좋습니다. 그리고 노년에 금기가 필요하다면 끝에 금기를 넣는 게 좋습니다. 그래서 전체적으로 봤을 때 중간 글자는 청장년, 끝의 글자는 노년으로 보면 됩니다. 그래서 중간 글자는 20대부터 한 50대 전까지, 노년 글자는 50대에서부터 노년까지 생각하면 제일 적절할 것 같습니다. 그다음에 화생토를 앞쪽으로 할 거냐 뒤쪽으로 할 거냐의 문제는, 예를 들어서 장년 때에 위기가 많다고 하면 가운데의 글자를 생하는 쪽으로 가는 게 좋습니다. 만약 노년이 에너지적으로 위태롭다고 할 때는 끝 쪽으로 생을 하게 만드는 게 좋습니다. 그래서 사주 구조에서 노년에 에너지가 좋게 들어오는 사람이 있고, 말년에 에너지가 나한테 생을 하고 나에게 없는 에너지, 도움이 되는 에너지가 들어오는 경우 중간 쪽에 도움이 되도록 하는 게 좋습니다. 그게 아니고 중간이 힘들다고 하면 말년에 쓰는 글자를 가운데 글자를 생을 하는 구조로 가게 하는 것이 또 바람직합니다.

질문 9.

만약에 아호가 두 글자라고 하면 앞의 글자와 뒤의 글자에 다른 의미가 있나요?

아호는 상황에 따라 에너지를 보완하는 의미로 사용하므로 글자의 순서보다 그때 필요한 에너지가 무엇이냐를 먼저 봅니다. 왜냐하면, 사람들이 호를 그냥 이름처럼 부르지는 않습니다. 명함이나 특별한 행사에서 호를 쓰는 경우가 많으므로 빈도수가 그다지 높지 않습니다. 만약 빈도수가 높은 상황이라면 좀 다르겠지만 빈도수가 많지 않으므로 순서에 대한 고려는 큰 의미가 없다고 봅니다. 부족한 에너지를 잘 채우는 것이 더 중요하다고 보면 됩니다.

질문 10.

에너지가 수기나 화기 또는 토기나 수기처럼 극이 되는 경우에는 그게 꼭 나쁘다고만 보는 건 아닌가요?

나쁘다고만 보는 건 아닙니다. 그게 필요한 사람들도 있습니다. 예를 들어, 앞에서 뒤를 극해야 할지, 뒤에서 앞을 극해야 할지를 고려하면 됩니다. 극을 당하는 게 좋은 것도 있습니다. 예를 들어, 청장년 운세가 불안정성이 있는 경우에는 가운데 글자를 극하는 게 낫습니다. 반면, 노년에 불안정성이 크다면 가운데 글자로 끝의 글자를 극하는 게 좋습니다. 그리고 수화 상쟁이나 금목상쟁이 무조건 나쁜 구조는 아닙니다. 예를 들어서 사주 구조가 금목상쟁의 구조라면 수화 상쟁으로 이름을 지어도 큰 문제는 없습니다. 또한 수화 상쟁의 구조에서 금목 상쟁의 이름으로 지어도 큰 문제는 없습니다. 다만, 금목상쟁의 에너지 구조를 가진 사람에게 금목 상쟁의 이름을 짓는다든가, 아니면 수화 상쟁의 에너지 구조를 가진 사람에게 수화 상쟁의 이름 지으면 문제가 생깁니다. 그런 것들을 잘 고려해 봐야 합니다.

질문 11.
'우', '수'자를 기업에 쓰시면 안 된다고 하셨는데 왜 그런가요?

예를 들어서 '우'자나 '수'자를 쓰게 되면서 있는 모양이 위태롭다고 봅니다. 글자의 모양 자체가 안정감이 떨어지는 글자라는 얘기입니다. 그래서 '대우'할 때 '우'는 '그 끝에서 넘어진다'는 의미를 품고 있습니다. 그래서 '우'가 좋은 점도 있지만 어떤 면에서는 나쁜 점도 있습니다. 만약 역동적이고, 재미있고, 다이나믹한 면도 있지만, 상대적으로는 불안정성이 있다고 보시면 됩니다. 그래서 끝 글자에 '수'나 '우'를 쓰는 것은 상황에 따라 다릅니다. 만약에 토기나 금기의 에너지가 강력한 사람은 '우'나 '수'를 써도 상관이 없습니다. 워낙에 중심이 잘 잡혀 있어서 괜찮지만, 목기나 화기가 강한 경우에는 끝의 글자에 '우'가 붙는 게 별로 좋지 않습니다. 특히나 '대우' 같은 경우에는 화기가 '우'에 안착이 되지 않는다고 볼 수 있습니다. 그래서 안정감이 떨어지는 것입니다. 그래서 '대웅' 또는 '대운'이라는 기업들은 존속이 되고 있지만 '대우'가 무너진 이유가 그 이름 때문일 수도 있다는 작명가의 속설이 있기도 합니다. 그래서 이름이 불안정성을 유발할 수 있다고 보면 됩니다. 그리고 가운데 글자에 '수'나 '우'자를 쓰는 분들도 있는데, 그런 분들도 약간은 불안정성이 있어 요동을 치는 걸 볼 수 있습니다. 그런 것들도 참고로 보면 됩니다.

❓ 질문 12.

한글 이름일 경우에는 그 획순이 한글 이름으로 짝·홀·짝, 아니면 홀·짝·홀 이런 식으로 해야 하고, 일반적으로 한자가 있을 때는 한자 위주로 짝·홀·짝 으로 하는 건가요?

보통 한글 횟수는 수리학적인 부분이 있지만 조금 애매한 면이 있습니다. 그래서 획수는 한자를 위주로 하는 경우가 많습니다. 만약에 순수한 우리말 이라면 그냥 한글의 획수를 맞추는 게 좋습니다. 필자의 관점으로는 주로 쓰는 이름의 획수가 더 중요하다고 생각합니다. 그래서 한글을 주로 사용할 때는 한글의 획수를 따라가는 게 좋다고 봅니다.

❓ 질문 13.

사주 구조에서 금기가 강성하고 토기가 부족해서 토기를 보완하려고 하는데, 토기를 넣어 주면 그 토기가 다시 금기를 생하는 구조가 되는 건 아닌지 궁금합니다. 그런 경우 화기를 같이 넣어 주면 토기를 써도 괜찮은 건가요?

안 좋게 될 수도 있습니다. 금기가 강하다는 건 목기와 화기가 약해진다는 걸 의미합니다. 그래서 금기가 너무 강성하다고 했을 때는 오히려 목생화의 이름이 훨씬 낫다는 것입니다. 반면, 금기가 부족하고 목기가 굉장히 상성한 사람이라면 토기와 금기가 상대적으로 약해지는 구조입니다. 이때 토기를 보완해 주려면 화기를 넣는 게 낫습니다. 그러나 목기가 존재하면서 토기, 금기가 있는 사람의 경우 화생토가 나올 수도 있습니다. 사람의 에너지 구조를 파악한 후 맞게 적용하면 됩니다.

또한, 운세적 흐름을 함께 살펴보면 목기가 강한 사람이 청장년의 대운의 흐름이 목기나 수기라면 이름의 가운데 글자가 금기가 들어가는 게 좋습니다. 그렇지 않고 말년에 목기가 강하게 들어온다고 하면 이름의 끝 자에 금기의 이름을 쓰는 게 좋습니다. 종합적으로 판단해 보는 것이 필요합니다.